Zapomniana Moc Postu

SIOSTRA EMMANUEL MAILLARD

Zapomniana Moc Postu

Uzdrowienie, Uwolnienie, Radość…

© 2022 by Children of Medjugorje inc.
All rights reserved.

Tłumaczenie z francuskiego Ania Swiecka.

Wszelkie prawa zastrzeżone. Żadna część niniejszej publikacji nie może być powielana, rozpowszechniana lub przekazywana w jakiejkolwiek formie lub w jakikolwiek sposób, w tym poprzez fotokopiowanie, nagrywanie lub za pomocą innych metod elektronicznych lub mechanicznych, bez uprzedniej pisemnej zgody wydawcy, z wyjątkiem krótkich cytatów zawartych w recenzjach krytycznych i niektórych innych niekomercyjnych zastosowań dozwolonych przez prawo autorskie.

Użycie przez autorkę wyrażenia: „Matka Boża ukazała się" nie oznacza, że autorka uprzedza opinię władz kościelnych co do autentyczności objawień Maryi w Medjugorie. Książka zawiera jedynie osobistą opinię autorki opartą na świadectwie tych, którzy byli świadkami wydarzeń w Medjugorie. Celem publikacji tej książki jest przekazanie czytelnikom informacji. Zarówno autorka, jak i wydawca, poddadzą swoje opinie rozeznaniu Kościoła, jak tylko pojawi się jakiekolwiek oficjalne stanowisko dotyczące tych wydarzeń.

ISBN-13: 978-1-7377881-4-0 (KSIĄŻKA W BROSZUROWEJ OPRAWIE)
ISBN-13: 978-1-7377881-5-7 (E-BOOK W FORMACIE EPUB)

10 9 8 7 6 5 4 3 2 1

Dostępne w e-booku.

Children of Medjugorje
www.childrenofmedjugorje.com

*Dla tych, którzy boją się pościć,
dla wszystkich, którzy nie mają jeszcze do tego odwagi,
dla tych, którzy rozpoczęli praktykę postu,
i tych którzy przy niej trwają
oraz…
dla tych, którzy pościli za mnie,
kiedy byłam w ciemności,
dzięki którym poznałam światłość.*

ORĘDZIE Z 25 STYCZNIA 2001 R.

*Drogie dzieci! Dzisiaj wzywam was, byście odnowili modlitwę i post z jeszcze większym zapałem aż do momentu, kiedy modlitwa stanie się dla was radością. Maleńkie dzieci, ten, kto się modli, nie lęka się przyszłości, a kto pości, nie lęka się zła. Powtarzam wam: tylko przez modlitwę
i post także wojny mogą być zatrzymane – wojny waszej niewiary i lęku przed przyszłością.
Jestem z wami i pouczam was, moje dzieci: wasz pokój i nadzieja są w Bogu. Dlatego przybliżcie się do Boga i postawcie Go na pierwszym miejscu w waszym życiu. Dziękuję, że odpowiedzieliście na moje wezwanie.*

Spis treści

WSTĘP . . . xiii

1. CZY WSKOCZYSZ DO WODY? . . . 1
2. DWA DNI W TYGODNIU . . . 3
3. NASZE CIAŁO . . . 12
4. PRZYGOTUJ WIELKIE DZIEŁA BOŻE . . . 16
5. OCHRONA . . . 18
6. OCZYSZCZENIE OD ZŁA . . . 21
7. POST MA MOC . . . 23
8. POLE BITWY . . . 27
9. DAWAĆ CZY BRAĆ? . . . 29
10. CZY JEST JAKIEŚ WYJŚCIE Z DRÓG ZNISZCZENIA? . . . 31
11. SUGESTIE SZATANA . . . 34
12. AŻ WYPEŁNI SIĘ PLAN . . . 37
13. CZYŚCIEC . . . 39
14. WYBIERAJĄC UZDROWIENIE . . . 40
15. POST DZIECI . . . 45
16. POST ZAWIESZA PRAWA NATURY . . . 48
17. SZATAN NIE DAJE PREZENTÓW . . . 50
18. JEZUS ŁAMIE WIĘZI ZŁA . . . 53

NAJCZĘSTSZE PYTANIA . . . 55

Jaki chleb jeść? . . . 55
Jakie pory dnia są najlepsze? . . . 57
Co z chorymi? . . . 58
Jak dużo chleba jeść? . . . 60
Dlaczego chleb? . . . 63
Dlaczego ja? . . . 64
Być przedłużeniem rąk Boga . . . 65
Widzisz, że potrafisz? . . . 68

WYWIAD Z MILONĄ (ASYSTENTKĄ OJCA SLAVKO) . . . 70

ŚWIADECTWA . . . 82

Gdybym Wiedział! . . . 82
Bóg pokonuje buntownika . . . 84
Patrick, uwolniony od alkoholu i hazardu . . . 87
Luka, dzień posłuszeństwa . . . 90

CO MÓWIĄ NAM ŚWIĘCI 94

Pastuszkowie z Fatimy . . . 94
Święty Jan Paweł II . . . 94
Święta Faustyna . . . 95

Święty Jan Bosko / Saint John Bosco: Sen
o dziesięciu diamentach ... 96
Święty Jan Chryzostom ... 98
Święty Piotr Chryzolog ... 99
Święty Alfons Maria Liguori ... 101
Święty Leon Wielki ... 101
Święty Tomasz z Akwinu ... 101
Święty Augustyn ... 101
Święty Proboszcz z Ars ... 102
Święty Franciszek Salezy ... 103
Modlitwa wieczorna przed rozpoczęciem postu ... 103

ORĘDZIA MATKI BOŻEJ O POŚCIE ... 105

1981 ... *105*
1982 ... *106*
1983 ... *107*
1984 ... *107*
1985 ... *109*
1986 ... *109*
1987 ... *110*
1989 ... *112*
1991 ... *112*
1992 ... *113*
1999 ... *114*
2000 ... *115*
2001 ... *115*
2003 ... *116*
2004 ... *116*

2005 ... 117
2006 ... 118
2007 ... 119
2008 ... 121
2009 ... 121
2010 ... 122
2011 ... 123
2012 ... 124
2013 ... 125
2014 ... 129
2015 ... 131

PRZEPISY ... 132

Postny chleb ... 132
Kolejny przepis na postny chleb ... 133
Chleb orkiszowy ... 134
Płaski chleb indiański ... 135
Ziarno orkiszowe ... 136
Przepis Marie-Line ... 136
Przepis siostry Sary na postny chleb ... 138
Przepis Flavii na postny chleb bez drożdży, jak indyjskie chapati ... 138
Postny chleb bezglutenowy Przepis pochodzi z włoskiej piekarni na chleb 800 g. ... 139
Przepis na bochenek chleba ok. 680 g (z suszonymi owocami) wypiekany w maszynce do chleba w programie dla mąki pszennej ... 140

*Chleb ok. 450 g wypiekany w maszynce do chleba w
programie dla mąki pszennej lub pełnoziarnistej* . . . *141*
Płaskie placki ryżowe . . . *141*
Chleb angielski . . . *142*
„*Medjugorie. Lata 90. Triumf serca*" . . . *145*
„*Dzieci, pomóżcie mojemu Sercu zwyciężyć!*" . . . *146*
„*Przedziwne sekrety dusz czyśćcowych*" . . . *146*
„*Ukryte Dzieciątko z Medjugorie*" . . . *147*
„*Pokój będzie ostatnim słowem*" . . . *148*

WSTĘP

Kiedy zaczęłam nagrywać płytę CD o poście, wiedziałam, że był to mój obowiązek, ponieważ post jest kluczowy w naszej drodze z Bogiem. Cała Biblia o tym mówi, a Królowa Pokoju mocno to podkreśla i na nasze czasy zaleca post jako broń w walce duchowej.

Wydawało mi się jednak, że użycie w tytule słowa „post" może powstrzymać ludzi przed kupowaniem płyty. Ku pokrzepieniu samej siebie powiedziałam: „Niech chociaż pięćdziesięciu ludzi wysłucha tego CD, to choćby ze względu na tych pięćdziesięciu warto podjąć wysiłek!".

Później z płyty powstała książka i okazało się, że wydarzyło się coś zupełnie odwrotnego! Ku mojemu wielkiemu zaskoczeniu książka o poście szybko stała się bestsellerem zarówno w wydaniu w języku francuskim, jak i w innych językach! Dotarły do mnie entuzjastyczne świadectwa ludzi, którzy wiernie podjęli post i otrzymali wielkie dary zarówno duchowe, jak i fizyczne.

Umocniona tą zachętą postanowiłam z pomocą lekarzy i gorliwych naśladowców Jezusa na nowo podjąć prace nad wcześniejszym wydaniem*. Dzięki dostępowi do wyników wielu badań mogłam uzupełnić książkę tak, by odpowiadała potrzebom naszych czasów.

W czasie lektury poznasz Lukę, Patricka i innych…, którzy opowiedzą, jak post zmienił ich życie, wypraszając dla nich łaski uzdrowienia i uwolnienia, o których nigdy wcześniej nie myśleli, że mogą je otrzymać. Dotrzesz do głębi istoty postu. Nie widząc w nim już niechętnie podejmowanej pokuty, przyjmiesz go jako nadzwyczajny sposób do zdobycia wolności i pokoju serca, których próżno szukać na wypełnionych półkach centrów handlowych.

Książka proponuje ci bardzo praktyczne wskazówki, jak najlepiej podejmować post, podaje także najlepsze przepisy na wypiek postnego chleba domowej roboty. Możesz podzielić się nią ze swoimi bliskimi i w ten sposób pomnożyć liczbę tych, którzy staną się „narzędziami pokoju", tak upragnionymi przez Pana.

Wreszcie osobiste odkrycie postu otworzy cię na nowy wymiar chrześcijańskiego życia, oddali lęki i uczyni z ciebie radosnego ucznia Chrystusa.

Miłej lektury… i nie zapomnij wprowadzić w życie płynącej z niej nauki!

---

* Siostra Emmanuel, *Wyzwolenie i uwolnienie przez post*, Warszawa 2012 r.

1. CZY WSKOCZYSZ DO WODY?

Zacznijmy od pytania, by sprawdzić, czy jesteś gotowy. Wyobraź sobie, że w zimny, grudniowy dzień spacerujesz wzdłuż rzeki. Nagle słyszysz krzyk, topi się mały chłopiec. Dziecko ma dwa, może trzy lata i jeśli nie rzucisz się na ratunek, z pewnością zginie. Co zrobisz w takiej sytuacji? Czy wskoczysz do wody, wiedząc, jak jest lodowata? Czy naprawdę zrobiłbyś to?

Oczywiście, że tak! W takiej sytuacji chciałbyś uratować życie dziecka, nie pozwoliłbyś mu zginąć, wiedząc, że możesz je uratować. To wymaga tylko skoku do wody!

Tak samo ma się rzecz z postem. Post daje nam możliwość ratowania wielu ludzi: zapobiega gubieniu się w życiu młodzieży, śmierci dzieci, rozpadom rodzin. Niestety, przez prawie pół wieku zdołaliśmy w świecie Zachodu porzucić praktykę postu i śmierć zaczęła zbierać nieznane dotąd żniwo. Czy zauważyłeś związek między porzuceniem postu a inwazją Szatana i jego demonów? Udało im się z łatwością przeniknąć do Kościoła, ponieważ jego drzwi nie pozostały dla nich zamknięte. W Medjugorie Królowa Pokoju rozpoczyna apel, który jest pełnym udręczenia wołaniem, kierowanym do nas dla naszego dobra: „Zachód porzucił post". Potrzebujemy na nowo podjąć tę praktykę. To bardzo mocne wezwanie!

Matka Boża daje nam pięć punktów, które jeśli są wprowadzone w życie, prowadzą do świętości, pełni miłości i zwycięstwa nad Szatanem. To podstawowe kroki w naszej podróży ku Bogu. Drugi z nich, którym jest post, jest jednak bardzo często pomijany.

Gdziekolwiek przyjeżdżam, nawet w najbardziej oddalone zakątki świata, spotykam ludzi, którzy przyjęli maryjne orędzia z Medjugorie. Dowiaduję się, że bardzo dobrze stosują się do pozostałych czterech punktów: Mszy świętej, czytania Pisma Świętego, spowiedzi i modlitwy różańcowej, ale kiedy pytam ich o post, widzę, jak spuszczają wzrok i milkną... Okazuje się, że porzucili jego praktykę. Dzieje się tak, ponieważ nie rozumieją, czym tak naprawdę post jest. Królowa Pokoju mówi o nim w bardzo piękny sposób i odkrywa znaczenie tego potężnego, przekazanego nam narzędzia. Dzięki naszej współpracy Boża moc może sprawić niezwykłe dzieła, których tak bardzo potrzebujemy.

2. DWA DNI W TYGODNIU

Matka Boża prosi nas o post o chlebie i wodzie dwa dni w tygodniu, w środę i piątek. Dlaczego właśnie w te dwa dni? Maryja, święty Józef, Jezus i wszyscy Żydzi żyjący w ich czasach mieli w zwyczaju pościć dwa razy w tygodniu. Post jest częścią religii zarówno żydowskiej, chrześcijańskiej, jak i muzułmańskiej, buddyjskiej oraz hindu. Pamiętajmy o Gandhim i o wszystkim, co osiągnął za pomocą postu, włącznie z poprowadzeniem swojego kraju do niepodległości od imperium brytyjskiego bez większego rozlewu krwi. Także medycyna i niektóre formy leczenia zalecają post, wielu lekarzy ma świadomość, że post po prostu jest zdrowy.

Aby odkryć korzenie tej starożytnej praktyki w religii chrześcijańskiej, spójrzmy na pierwszych uczniów Jezusa oraz ich pisma na temat życia i kultury w pierwszym wieku po Chrystusie. „Didache", dokument napisany przez uczniów Jezusa, około roku 90, przekazuje współczesnemu Kościołowi wskazówki: „Nie zachowujcie postu w tym samym czasie, co obłudnicy. Oni bowiem poszczą w poniedziałek i czwartek, wy natomiast pośćcie w środę i w piątek" (tj. *parasceve,* w dzień poprzedzający żydowski szabat, czyli sobotę).

W Medjugorie Matka Boża przypomina nam tradycję tamtych czasów, prosząc nas o post w środy i piątki. „Chciałabym, aby ludzie modlili się ze mną w tych dniach. By modlili się tak dużo, jak to możliwe! By pościli w środy i piątki…" (Ivan Dragićević, 14 sierpnia 1984 r.). Czy to nie niezwykłe, że Maryja chce ożywić w nas tę tradycję z pierwszych lat Kościoła, którą sama praktykowała? Jak dobra matka nie daje swoim dzieciom czegoś, czego nie zna.

Przenajświętsza Maryja Panna nie wytłumaczyła szczegółowo w swoich orędziach, dlaczego prosi o post właśnie w te dni. Miałam jednak możliwość dowiedzieć się tego dzięki członkom grupy modlitewnej założonej przez Nią w Medjugorie. Maryja kształtowała ich za pośrednictwem widzących na przestrzeni wielu lat. Pamiętajmy, że wszystko, co robi Matka Boża, ma tylko jeden cel: objawiać Jezusa, prowadzić nas bliżej do Jego Serca. Maryja poprosiła ową grupę modlitewną, aby każdy czwartek był przeżywany przez nich jako upamiętnienie daru Eucharystii i kapłaństwa. Post w środy i piątki jest sposobem uczczenia tego daru. W środy pomaga przygotować się, by z wielką miłością przeżywać czwartek, a w piątki z radością i wiarą przywołuje pamięć o tym, że Jezus wydał swoje Ciało i Krew na pokarm i napój dla nas.

Nasza Matka jest tak zakochana w Eucharystii, Chlebie Życia, że każdej środy pragnie przygotować nas do celebrowania następnego dnia. Maryja chce uwalniać nas od rozproszeń związanych z innym pokarmem, z zakupami, gotowaniem i wszystkimi troskami związanymi z jedzeniem, byśmy smakowali chleb, który staje się prawdziwym Ciałem Chrystusa. To sam Jezus wybrał chleb, by przemieniać go w swoje Ciało. Dlatego w środy nie powinniśmy myśleć: „Dobrze, że jutro będę jeść!". Przeciwnie, poszcząc z radością i zaangażowaniem

2. DWA DNI W TYGODNIU

serca, wkraczajmy w tajemnicę chleba. Czy nie byłoby to skuteczne przygotowywać się do tajemnicy Eucharystii tak, jak Żydzi przygotowywali się do tego w czasie wędrówki przez pustynię? Bóg zesłał im mannę, chleb z nieba. Jako pierwsi przeżyli tajemnicę Eucharystii i byli do niej przygotowani. Dlatego Maryja w podobny sposób przygotowuje nas.

W czwartki obchodzimy ustanowienie Eucharystii – Chleba Życia. Msza święta jest w centrum, ponieważ w centrum jest Jezus, który płonie pragnieniem, by być naszym Boskim pokarmem. Matka Boża powiedziała w Medjugorie: „Przeżywajcie każdy czwartek tak jak Wielki Czwartek". To w czwartki w szczególny sposób, z całego serca mamy świętować dar Chleba Życia, który Jezus ustanowił dla nas w sakramencie Eucharystii, w czasie Ostatniej Wieczerzy. To w czwartek Jezus ofiarował najpiękniejszy dar, dar samego Siebie, który urzeczywistnia się w każdej Mszy świętej. Dlatego powiedział: „Jestem z wami aż do skończenia świata" i jest pośród nas w swojej realnej obecności we wszystkich tabernakulach świata. Dlatego każdy czwartek powinien być szczególnie świątecznym dniem. To właśnie tego dnia tygodnia Jezus wydał Swoje Ciało, Swoją Krew, Duszę i Boskość – czwartek to dzień Chleba Życia.

Za każdym razem, kiedy słucham widzących z Medjugorie, jestem zaskoczona, słysząc, że Matka Boża nigdy nie wspomina o poście w piątki jako upamiętnieniu śmierci Jezusa na krzyżu. Przeciwnie, Matka Boża mówi o piątku jako o dniu następującym po czwartku. Najświętsza Maryja Panna nie chce, abyśmy w piątek jedli nasze ulubione potrawy, prosi nas, abyśmy jak najdłużej celebrowali smak chleba i pozostali zanurzeni w tajemnicy Chrystusa. Podobne podejście mają Żydzi do dnia szabatu, ich najświętszego dnia. Każdego sobotniego wieczoru, o zachodzie słońca przedłużają szabat, śpiewając i recytując uduchowione hymny. Szabat jest dla Żydów jak ukochana, której po prostu nie chcą pozwolić odejść! W ten sam sposób my, poszcząc w piątki, nie przestajemy cieszyć się smakiem chleba, który jest dla nas Chlebem Życia.

Często wyobrażam sobie Matkę Bożą, która została na ziemi pośród apostołów po Wniebowstąpieniu Jezusa. Czy kiedykolwiek, kiedy wchodziła do kuchni, patrzyła na chleb tak samo, jak patrzyła przed Ostatnią Wieczerzą? Gdy widziała chleb, jej matczyne serce musiało drżeć na myśl o tym, że Jej Syn przychodzi pod postacią chleba; że chleb to pokarm, pod którego postacią przychodzi jej Syn!

Kiedy pomyślimy o tym, jak z ziaren pszenicy powstaje chleb, przed oczami będziemy mieć symbol całej historii Jezusa, historii Zbawiciela. Gdy Jezus mówi w Ewangelii o ziarnie pszenicy, wspomina siewcę i ziarno, które musi obumrzeć, aby wydać obfity plon – stukrotny, sześćdziesięciokrotny lub trzydziestokrotny (Mt 13, 8). To historia śmierci i zmartwychwstania Chrystusa oraz owoców Odkupienia. Aby ziarno pszenicy stało się chlebem, trzeba je najpierw zmielić na mąkę – podstawowy składnik chleba. Jezus także został zmiażdżony – w swoim Ciele, Sercu, Duszy, w całej swojej Boskiej Osobie. Ziarno pszenicy to symbol miłości Jezusa do nas. On pozwolił zmiażdżyć się, abyśmy my mogli się Nim karmić i zostać przebóstwieni. Kiedy Jezus mówił o Chlebie Życia, powiedział: „Kto spożywa ten chleb, będzie żył na wieki" (J 6, 51). „To jest chleb, który z nieba zstąpił – nie jest on taki jak ten, który jedli wasi przodkowie, a poumierali. Kto spożywa ten chleb, będzie żył na wieki" (J 6, 58).

2. DWA DNI W TYGODNIU

To dlatego powinniśmy przeżywać środy i piątki z miłością do chleba, kontemplując historię Odkupienia. Matka Boża pragnie, abyśmy zanurzali się w tej tajemnicy nie tylko duchowo, ale także materialnie. Maryja jest prawdziwą Żydówką. Zanurza nas w tajemnicy chleba, aby przynaglić nas do relacji z Jezusem. Poprzez post skupia naszą uwagę na obecności i miłości Jezusa i pozwala nam ze sobą trwać w zadziwieniu nad faktem, że Jezus w swojej ogromnej pokorze stał się dla nas pokarmem – chlebem. Prawdziwym sensem postu jest więc miłość do Eucharystii. Jezus jest zawsze w centrum wszystkiego, o czym Matka Boża do nas mówi i co nam zaleca. Jeśli będziemy pościć z miłością do Chleba Życia, nasz post zmieni się, stanie się pełen radości. To dlatego Królowa Pokoju prosi nas o post z zaangażowaniem serca. Praktykując go, sprawimy, że nasza miłość do Eucharystii pogłębi się. Jest to niezwykła łaska!

Wielka francuska mistyczka Marta Robin powiedziała: „Chwała, jaką będziemy mieć w niebie, będzie proporcjonalna do żarliwości, z jaką przyjmujemy Komunię Świętą na ziemi". W swoich orędziach Matka Boża przynagla nas, byśmy przestrzegali zasad zawartych w Katechizmie Kościoła Katolickiego: „Aby przygotować się odpowiednio na przyjęcie sakramentu Eucharystii, wierni zachowają ustanowiony przez Kościół post. Postawa zewnętrzna (gesty, ubranie) powinna wyrażać szacunek, powagę i radość tej chwili, w której Chrystus staje się naszym gościem"*. Z im większym oddaniem, miłością i wdzięcznością przyjmujemy Chleb Życia, tym większa będzie nasza chwała w niebie.

Zarówno żydowska, jak i chrześcijańska tradycja uczy nas,

---

* *Katechizm Kościoła Katolickiego*, 1387.

że post jest bardzo potężnym narzędziem przeciwko Szatanowi. Dlatego post jest tym bardziej ważny dzisiaj, kiedy walczymy z siłami zła. Najświętsza Maryja Panna powiedziała w Medjugorie: „Drogie dzieci! Także dzisiaj wzywam was: przeżywajcie swoje powołanie na modlitwie. Teraz, jak nigdy wcześniej, Szatan pragnie zadusić człowieka i jego duszę zaraźliwym wiatrem nienawiści i niepokoju… Nienawiść i wojna rosną z dnia na dzień…" (25 stycznia 2015 r.).

Na naszych oczach widzimy spustoszenie, jakie Szatan przyniósł naszym rodzinom, dzieciom, a w szczególności młodym. Kultura śmierci zakorzeniła się w świecie Zachodu. W Medjugorie wielu pielgrzymów jest zrozpaczonych, ponieważ ich dzieci są uzależnione od narkotyków, prowadzą niemoralne życie lub są na drodze do moralnego zatracenia. Ci rodzice proszą widzących, aby modlili się za ich potomstwo o wolność od narkotyków i rozrywek pochodzących od Złego. „Drogie dzieci! Dzisiaj wzywam was do modlitwy w moich intencjach. Odnówcie post i modlitwę, ponieważ Szatan jest podstępny i zwodzi wiele serc do grzechu i zatracenia" (25 października 2012 r.).

> Przypominam im, że wojna, która szaleje w rodzinach i sercach młodych ludzi, wojna, o której mówi Matka Boża, to ta sama wojna, która prawdopodobnie wyniszcza życie ich dzieci. Maryja przekazała nam, że jedynie modlitwą i postem można powstrzymać wojny. Kiedy ukazała się po raz pierwszy, nie mówiła o konflikcie zbrojnym, ale o wojnach w rodzinach. Królowa Pokoju poucza nas, że: „Kiedy wybucha wojna, dzieje się tak dlatego, że jest ona już wcześniej w naszych sercach. Jednak jeśli masz pokój w sercu, wtedy wojna zewnętrzna natychmiast się

2. DWA DNI W TYGODNIU

kończy" (prywatne orędzie do Vicki w czasie wojny w Zatoce Perskiej w 1991 roku).

Rzeczywiście wojna zaczyna się w naszych sercach. Jeśli czuję nienawiść do mojego brata, jeśli zamykam drzwi dla tej lub innej osoby, jeśli osądzam, potępiam lub jeśli jestem zazdrosny, źle mówię o innych, jeśli wewnątrz noszę zgorzknienie, to oznacza, że wojna jest w moim sercu i będę ją przekazywać na zewnątrz, osobom, które spotkam. To są te wojny, które Maryja Dziewica pragnie usunąć z naszych serc! Aby to osiągnąć, jedynymi narzędziami są post i modlitwa. Jeśli chcesz spróbować innej metody, proszę bardzo, wiedz jednak, że będzie to zupełnie nieskuteczne!

Nie zaniedbujmy więc tych narzędzi, idących ze sobą w parze: modlitwy i postu. Modlitwa jest i zawsze była oczywistym i godnym zaufania środkiem, który mamy pod ręką. Nie zapomnijmy jednak o tym, o ile staje się ona skuteczniejsza, kiedy połączymy ją z postem! Możemy nie tylko ratować życie, jak w przykładzie tonącego dziecka, po które wskoczylibyśmy do lodowatej wody, by je uratować; możemy także podreperować własne zdrowie. Różne badania pokazują, że ludzie świata Zachodu jedzą co najmniej o jedną trzecią więcej, niż potrzebują. Wiele chorób i przedwczesnych śmierci spowodowane jest przejedzeniem. Odrobina postu dobrze nam zatem zrobi.

Wy, rodzice, którzy błagacie o uzdrowienie swojego dziecka; wy, dzieci, które prosicie o pojednanie waszych rodziców – wiedzcie, że macie możliwość wyprosić te łaski! Nie módlcie się bez postu i nie pośćcie bez modlitwy. Wszyscy święci otrzymywali łaskę, by stać się świętymi, i wszyscy podejmowali post.

W pierwszych tygodniach objawień każdy mieszkaniec Medjugorie uważnie słuchał każdego, najmniejszego słowa Matki Bożej. Po około dwóch miesiącach Maryja powiedziała: „Szatan ma plan zniszczenia tej parafii. Drogie dzieci, proszę wszystkich parafian o post o chlebie i wodzie przez trzy dni oraz o modlitwę różańcową, by pokonać Szatana". I wszyscy, jednomyślnie, w jedności serc pościli; każda osoba w wiosce zrobiła to, o co poprosiła Przenajświętsza Maryja Panna. Przez trzy dni modlili się, by Ona mogła zmiażdżyć głowę węża. Czwartego dnia Maryja powiedziała: „Drogie dzieci, dziękuję wam za wasze modlitwy i post, plan Szatana nie powiódł się, wygraliśmy!". Nie powiedziała: „Wygrałam". Powiedziała: „Wygraliśmy"!

Potrzebowała tamtych mieszkańców wioski z parafii w Medjugorie, aby pokonać plany Szatana. To bardzo ważne, ponieważ bez ofiary tych ludzi Szatan w tamtych dniach zrealizowałby swój plan i dziś nie byłoby Medjugorie, nie byłoby tej rzeki łask płynącej przez ostatnie ponad 38 lat. Bez Medjugorie ile ludzkich istnień zginęłoby, ile rodzin nie pojednało się i ilu młodych ludzi popełniłoby samobójstwo!

Wszystko dlatego, że pięćset osób w wiosce przez trzy dni walczyło z Szatanem. Dlatego Bóg mógł dać światu dar Medjugorie, a miliony pielgrzymów od lat przybywają tu, by nabrać duchowych sił. Taki jest wpływ kogoś, kto mówi „tak" postowi i modlitwie! W czerwcu 1992 roku Matka Boża powiedziała do Ivanki: „Drogie dzieci, proszę was o zwycięstwo nad Szatanem. Bronią jest post i modlitwa. Módlcie się o pokój, ponieważ Szatan chce zniszczyć ten mały pokój, który jest w was".

2. DWA DNI W TYGODNIU

To naturalne zapytać: "Matka Boża prosi mnie o zwycięstwo nad Szatanem? Kim ja jestem?". Jesteśmy dziećmi Boga, a Maryja potrzebuje nas – ciebie, mnie, każdego bez wyjątku. Mówi: "Drogie dzieci, bez was nie mogę pomóc światu" (28 sierpnia 1986 r.).

Pamiętam, że w czasie wojny w Bośni i Hercegowinie w 1992 roku słychać było echo bombardowania Mostaru w Ljubuški, Čitluku i w okolicach Medjugorie. Widzieliśmy na niebie ślady spadających bomb. Zniszczenia i ciała zabitych pokazywano w telewizji codziennie. Dzięki łasce Boga mogłam zostać w Medjugorie z kilkoma członkami Wspólnoty Błogosławieństw.

25 kwietnia 1992 r. Matka Boża przekazała pierwsze orędzie od rozpoczęcia wojny. Wszyscy z przejęciem czekaliśmy na to, by poznać odpowiedź Maryi na tragedię, która działa się wokół nas. Słowa naszej Matki z nieba brzmiały: "Drogie dzieci! Tylko modlitwą i postem można wstrzymać wojnę. Dlatego, drogie moje dzieci, módlcie się i swoim życiem dajcie świadectwo, że jesteście moimi i do Mnie należycie, gdyż Szatan chce w tych dniach zamętu sprowadzić na złą drogę jak najwięcej dusz. Dlatego wzywam was, abyście się zdecydowali na Boga, a On was obroni i wskaże, co powinniście czynić i jaką drogą iść". Dziewica Maryja mówiła już te słowa przed wojną, ale musiała je powtórzyć.

3. NASZE CIAŁO

Dlaczego post tak bardzo osłabia Szatana? W chwili, w której ofiarujemy Bogu coś związanego z naszym ciałem, możemy powiedzieć, że prawdziwie Mu siebie oddajemy. Ofiarowywać swoje pieniądze, czas, dobrą pracę albo nasze posługi to jedna rzecz, ale post dotyka naszych sił witalnych. Jedzenie jest kwestią przeżycia, dotyka naszych głębokich ontologicznych i metafizycznych nawyków.

Ojciec Slavko Barbarić, franciszkański kapłan pracujący w wiosce po rozpoczęciu objawień, gdzie pozostał aż do swojej śmierci w 2000 roku, z wykształcenia psychiatra, miał w zwyczaju mawiać: „Post odkrywa nasze uzależnienia. Kiedy pościmy o chlebie i wodzie, pojawiają się serie silnych sygnałów: Kawa! Papierosy! Wino! Czekolada!". Matka Boża nie przychodzi po to, by wytykać nam nasze przywiązania, obwiniać nas, sprawić, byśmy czuli się źle. Przychodzi po to, abyśmy dzięki temu, że staniemy się świadomi naszych codziennych nałogów, mogli zostać od nich uwolnieni. Zaczynamy zdawać sobie sprawę, do jakiego stopnia jesteśmy przywiązani do naszych codziennych przyzwyczajeń. Bez wątpienia rutyna ma swoje dobre strony, cnotą jest przecież nawyk dobry. Jednakże kiedy jest zaburzona, może utrwalić grzeszne zachowania do tego stopnia, że

3. NASZE CIAŁO

staje się niemalże niemożliwe porzucenie jej; mamy wtedy do czynienia z nałogiem. Śledzenie prasy i telewizji jest bardzo zgubnym nawykiem; nie jesteśmy nawet świadomi, jak duży zamęt w nas wywołują. Do grupy modlitewnej założonej przez Jelenę Matka Boża powiedziała: „...oprócz postu od jedzenia, dobrze byłoby, gdybyście przestali oglądać telewizję, ponieważ po obejrzeniu niektórych programów jesteście rozkojarzeni i niezdolni do modlitwy. Możecie rzucić także picie alkoholu, palenie papierosów i inne przyjemności. Wy sami wiecie, co macie zrobić" (8 grudnia 1981 r.).

Kiedy zaczęłam pościć o chlebie i wodzie, moim pierwszym odkryciem była radość, jaką dała mi wolność od jedzenia. Nie miało dla mnie znaczenia, czy jem, czy nie. W czasie misji dla apostołów nie było ważne to, czy mieli czas na jedzenie. Ich największą troską była intensywna praca dla Boga. Ofiarowanie Bogu czegoś związanego z naszym ciałem jest znakiem prawdziwego oddania się Jemu. Ojciec Slavko mawiał: „Post pozwala duszy rządzić ciałem, a nie na odwrót".

Post generuje pustkę, która wyzwala przestrzeń w naszej duszy, ciele i sercu. Kiedy nie zajmujemy się jedzeniem, uwalniamy dla Boga przestrzeń, w której może zamieszkać jak nigdy wcześniej. Nasze serce jest wystarczająco duże, aby mieszkał w nim sam Bóg, ale post pozwala poszerzyć granice naszego serca i powiększyć wszystkie jego wymiary do wymiarów nieba. Duch Święty może przebywać w nowy sposób w tak odnowionym wnętrzu. To dlatego ci, którzy poszczą, mają szczególną duchową przenikliwość i wrażliwość. Otrzymują o wiele więcej natchnień niż ci, którzy nie poszczą.

Na prośbę Matki Bożej pewna kobieta z Anglii założyła

tam wspólnotę. Któregoś dnia zapytałam ją, czy Maryja prosiła, by jej członkowie praktykowali post.

— Tak — odpowiedziała. — Matka Boża prosiła nas, byśmy pościli codziennie.

— Codziennie? — wydusiłam zdziwiona — To niemożliwe!—

Tak, pościmy codziennie od czwartej do szóstej po południu. Zaśmiałam się w duchu, a ona widząc uśmieszek na mojej twarzy, wyjaśniła: „My, Brytyjczycy, wychowaliśmy się na naszych codziennych podwieczorkach od czwartej do szóstej". Dla Anglików „teatime" jest ściśle związany z ich tożsamością, dlatego post w tym czasie jest kosztowny, bo oddziela ich od tradycji z dzieciństwa i ich narodowej przynależności.

Moja przyjaciółka z Meksyku powiedziała mi kiedyś, że przestała pościć, kiedy zaszła w ciążę i przez rok po porodzie nie wracała do postu. Powiedziała, że w czasie tego roku straciła szczególne „wyczucie", umiejętność rozmowy ze swoimi dziećmi, nie umiała już tłumaczyć im życiowych spraw. Dzieci przestały jej słuchać. Kiedy tylko na nowo podjęła post, od razu poczuła, że Duch Święty przychodzi do niej z natchnieniem. Podpowiadał jej odpowiednie słowa, kiedy mówiła do dzieci, a one słuchały jej całym sercem. To piękny przykład tego, jak post przyciąga obecność Ducha Świętego, by zajął i przejął w nas wolne miejsce przygotowane przez post. Taka dodatkowa przestrzeń dla Trójcy Świętej, ofiarowana Bogu staje się miejscem, w którym Bóg może na nowo w nas zamieszkać.

Post przygotowuje nas także do wielkich dzieł Boga oraz wypełnienia się Jego woli dla nas i całego świata. Miałam ten wielki przywilej spotkania ojca Zdenki, świętego franciszkańskiego kapłana, który mieszkał w Širokim Brijegu, niedaleko Medjugorie. Byłam także na jego pogrzebie, na który przybyły

3. NASZE CIAŁO

tysiące ludzi, którzy kochali go za dar uzdrawiania i czytania w ludzkich sercach. Za życia był znany w całej dawnej Jugosławii, a ludzie przyjeżdżali do niego z daleka nawet po samo błogosławieństwo. Nie dawał ludziom rozwiązania ich problemów, w swoim sposobie bycia był nieco szorstki. Jeśli ktoś zgłaszał się do niego z jakimś kłopotem, on błogosławił i na tym ucinał rozmowę. Sypiał na podłodze i dużo pościł. Dzięki swoim ascetycznym praktykom i ogromnej miłości do Boga otrzymał od Pana wiele łask.

4. PRZYGOTUJ WIELKIE DZIEŁA BOŻE

Ivica, jedna z moich przyjaciółek z Medjugorie, opowiedziała mi o pewnym wydarzeniu z życia swojej babci, która w dzieciństwie znała ojca Zdenkę.

Któregoś dnia Pan przemówił do tego pokornego zakonnika: „Zdenko, czy zgodzisz się pościć o chlebie i wodzie przez siedem lat?". Brat Zdenko odpowiedział: „Tak" i pościł przez siedem lat. Ostatniego dnia siódmego roku Pan przemówił do niego znowu: „Czy zgodzisz się dodać ósmy rok do twojego postu?". Ojciec Zdenko ponownie powiedział: „Tak". Zgadnij, jaki był dzień ostatniego dnia ósmego roku? To niezwykłe. Był to 24 czerwca 1981 r. – dzień pierwszego objawienia Matki Bożej w Medjugorie! Czy rozumiesz wielkość tego, co się stało? Któż jest w stanie poznać, jak Bóg przygotowuje swoje wielkie dzieła? Dowiemy się tego dopiero w niebie!

A oto inne świadectwo związane z tym franciszkańskim kapłanem. Pewnego razu przyprowadzono do niego alkoholiczkę. Nic nie było jej w stanie pomóc pozbyć się nałogu. Ojciec Zdenko przyjął ją i powiedział: „Nie wolno ci pić. Czy obiecujesz, że nie będziesz więcej piła?". Kobieta złożyła obietnicę, kapłan pobłogosławił ją w imię Ojca i Syna, i

Ducha Świętego, i kobieta wróciła do domu. Następnego dnia i kolejnego nie piła, ale trzeciego było bardzo gorąco i pokusa napicia się alkoholu stawała się coraz silniejsza. Wzięła więc szklankę i napełniła winem. Jak tylko jej usta dotknęły brzegu naczynia, zobaczyła palec na naczyniu i usłyszała karcący głos ojca Zdenki: „Mówiłem ci, żebyś więcej nie piła!". Zszokowana upuściła szklankę, która rozbiła się na miliony kawałeczków. Została wtedy uzdrowiona i nigdy już, do końca życia nie piła alkoholu.

5. OCHRONA

Ochrona jest kolejnym, wspaniałym owocem postu. Który rodzic nie pragnie ochronić swoich dzieci i wnuków? Dzisiaj zabezpieczeniem przyszłości są różne rodzaje ubezpieczeń: na życie, ubezpieczenie NW, zdrowotne…, ale ubezpieczenie na życie nikomu jeszcze nie pomogło uniknąć śmierci! Poza tym ubezpieczenie od niebezpiecznych wypadków przydaje się jedynie, kiedy wypadek już zaistnieje. Nawet wtedy ostatecznie okazuje się, że ze względu na jakiś zapis drobnym drukiem nie możemy otrzymać odszkodowania. Za to „ubezpieczenie postne" działa, zanim dotknie nas nieszczęście; ono jest środkiem zapobiegawczym. Matka Boża w istocie uczy nas, że jeśli pomożemy Jej postem, Ona będzie trzymać Szatana z daleka od nas.

Muszę przyznać, że czasami denerwuję się, kiedy słyszę: „Nie powinniśmy wszędzie widzieć Szatana, nie jesteśmy nawet pewni, że istnieje". W swoich orędziach Królowa Pokoju przypomina nam, że on istnieje, a Jej nauczanie o nim zawiera cztery główne punkty: Szatan istnieje; dzisiaj jest silniejszy niż kiedykolwiek; jest nieustannie aktywny; jego głównym celem jest nie tylko zniszczenie w nas wszystkiego, ale także „zniszczenie natury i planety, na której żyjemy. Królowa Pokoju mówi nam także: „Drogie dzieci, zobaczcie, jak dzięki pokornej

5. OCHRONA

modlitwie możemy go rozbroić". Użyła słowa „my", odnosząc się do samej siebie i nas.

Jeżeli byłabym matką dziesięciorga dzieci i wiedziałabym, że w pobliżu mojego domu grasuje satanista, który chce je złapać, torturować, zgwałcić i zabić, to z całkowitą pewnością czułabym, że moim obowiązkiem jest je ostrzec. Jeśli nie zrobiłabym tego i zamiast tego powiedziała: „Nie martwcie się, możecie bawić się w lesie, nic wam się nie stanie", to byłabym wtedy odpowiedzialna za zabójstwo swoich dzieci. Nikt nie ma prawa ukrywać przed dziećmi prawdy, że duchowa walka istnieje, że nie tylko dobry Bóg działa w tym świecie, że istnieje także wróg, który działa i zamieszkuje ziemię. Jezus nie przyszedł, aby zginąć na krzyżu dla kawału! Przyszedł, by uwolnić nas od zła i wiecznego potępienia! Tym bardziej nie jest żartem to, że od tylu lat posyła nam swoją Matkę do Medjugorie, aby nas przestrzec, że teraz jest czas na nawrócenie, ponieważ zło jest realne! Mamy sadystycznego wroga, który nam zagraża, i musimy przyjąć światło płynące z orędzi Królowej Pokoju. Dlatego Matka Boża mówi do nas: „Drogie dzieci! Dzisiaj w szczególny sposób zapraszam was do modlitwy i wyrzeczenia, ponieważ teraz, jak nigdy wcześniej, Szatan chce zwieść jak najwięcej ludzi na drogę śmierci i grzechu" (25 września 1991 r.).

> Maryja ma powody, by nas ostrzegać! Przecież od początku było tak, jak pisze o tym święty Piotr: „Bądźcie trzeźwi! Czuwajcie! Przeciwnik wasz, diabeł, jak lew ryczący krąży, szukając, kogo pożreć" (1 P 5, 8).

W dzisiejszych czasach liczba samobójstw jest wyższa niż kiedykolwiek: nawet wojny, nowotwory i wypadki drogowe są powodem mniejszej liczby ofiar niż samobójstwa. Dzięki modlitwie i postowi możemy interweniować i chronić nie tylko samych siebie, ale także jakąkolwiek inną osobę. W modlitwie i poście możemy odnaleźć ochronę. „Módlcie się tak dużo, jak możecie" – mówi do nas Królowa Pokoju. „Pośćcie, trwajcie na modlitwie, a ja będę was chronić i wysłucham waszych modlitw". Ona wie, że potrzebujemy ochrony. Mówi nam: „Drogie dzieci, z waszą pomocą mogę uczynić wszystko". Czy rzeczywiście o tym myślimy? Czy kiedy modlimy się do Matki Bożej, rzeczywiście wierzymy, że Ona może uczynić wszystko? Często zachowujemy się tak, jakby nasz Bóg nie był wszechmocny i nie mógł nam prawdziwie pomóc. Jeśli Maryja mówi, że z naszą pomocą może wszystko, to oznacza, że działa w niej sama moc Boża.

6. OCZYSZCZENIE OD ZŁA

Królowa Pokoju zaprasza nas do oddania Bogu całego zła, które nagromadziło się w nas, by oczyścić nas ze wszystkich popełnionych w przeszłości grzechów. Jedynie dzięki modlitwie jesteśmy w stanie rozpoznać, co jest złe, i oddać to Bogu, tak by On mógł całkowicie oczyścić nasze serca. Aby otrzymać tę łaskę, jesteśmy zaproszeni do nieustannej modlitwy i przygotowania naszych serc poprzez pokutę i post.

Popełniamy grzechy od momentu, kiedy osiągamy wiek, w którym jesteśmy do tego zdolni, a skutki popełnionych grzechów gromadzą się w nas. Nawet po wyznaniu ich w spowiedzi cierpimy z powodu ich konsekwencji. Matka Boża mówi, że poprzez swoją modlitwę pomoże nam uwolnić się od nich. Dlatego powinniśmy oddać naszą złą przeszłość Bogu. Kiedy dziecko upada i robi sobie krzywdę, matka podnosi je i łagodzi ból, robi wszystko, by upadek nie miał żadnych złych następstw. Krew Chrystusa ma moc obmycia nas z grzechów, a Maryja pomaga zagoić się ranom. Ona naprawdę jest dla nas wszystkich Matką! Poszcząc, zapraszajmy Matkę Bożą, aby uzdrowiła nasze wnętrze, by nasze rany mogły szybciej się zabliźnić.

Kiedy pościmy, pozwalamy Bogu usunąć z nas cały moralny brud naszych upadków, który zbierał się w nas. To on sprawia, że jesteśmy obciążeni i smutni, cierpimy na depresję, nie jesteśmy zdolni kochać. Kiedy Pan przychodzi i mocą Ducha Świętego usuwa ten brud, nagle stajemy się zdolni do miłości bliźniego, którego nigdy wcześniej nie byliśmy w stanie znieść! Dzięki postowi pozwalamy Duchowi Świętemu zwiększyć moc Jego działania w naszych sercach.

7. POST MA MOC

Wielu ludzi usunęło ze swojego życia orędzie Matki Bożej dotyczące postu. Bez wątpienia właśnie to orędzie Maryi jest najbardziej ignorowane przez ludzi. Często słyszę: „To dla mnie bardzo trudne, jestem bardzo przywiązany do jedzenia, nie chcę się zmuszać do postu".

Jedną z korzyści płynących z postu jest to, że chroni przed wpływem demonów. Dlatego to zrozumiałe, że będą one robić wszystko, by odciągnąć nas od tej praktyki i przekonać, że jest ona zarezerwowana dla tych ludzi, którzy już są święci, a do których my z pewnością się nie zaliczamy.

Miałam możliwość osobiście zapytać ojca Amortha, słynnego egzorcystę: „Ojcze, jak tłumaczysz niezwykłą moc postu nad złem i demonami?". Ojciec odpowiedział głośno swoim pewnym, jednoznacznym głosem: „Ponieważ post nas kosztuje! Tak, post jest trudny!". Później kontynuował: „W Fatimie, a teraz w Medjugorie, Matka Boża często nalega, by podejmować modlitwę i post. A jest to jeszcze bardziej istotne dzisiaj, kiedy ludzkość jest pod wpływem konsumpcjonizmu. Ludzkość za wszelką cenę próbuje uniknąć poświęcenia, wystawiając się na grzech. Aby żyć chrześcijańskim życiem, razem z modlitwą potrzebujemy praktykować wstrzemięźliwość; bez wstrzemięźliwości, trzeźwości nie zrodzi się wytrwałość. Podam przykład:

dzisiaj rodziny z dużą łatwością się rozchodzą. Najpierw ludzie się pobierają, a potem następuje nieunikniony rozwód. Dzieje się tak, ponieważ nie jesteśmy dobrze usposobieni do ofiary. Teraz, aby być w stanie żyć razem, musimy być zdolni nawet do zaakceptowania wad drugiej osoby. Brak ducha ofiarności ma swoje źródło w tym, że nie żyjemy w pełni tak, jak powinni żyć chrześcijanie. Spójrz tylko, z jaką powierzchownością przeprowadzane są aborcje, co daje do zrozumienia, że nie jesteśmy gotowi, by podejmować wysiłek wychowania dzieci. To jest pierwszy powód nieudanych małżeństw: nie jesteśmy już przyzwyczajeni do ofiarności. Jedynie poprzez ćwiczenie się w niej możemy stać się zdolni prowadzić życie chrześcijańskie".

Sam Jezus w Ewangeliach daje nam pełną światła odpowiedź, pamiętasz? Jezus zaprasza swoich apostołów, aby szli przed nim i głosili, wypędzając demony, lecząc chorych, wskrzeszając zmarłych, ogłaszając Dobrą Nowinę itd. Któregoś dnia z radością i podekscytowaniem powiedzieli Jezusowi: „Panie, nawet demony się nam poddają w Twoje Imię" (Łk 10, 17).

Łatwo jest zrozumieć ich radość, kiedy byli świadkami tego, że wróg poddawał się i był wyrzucany z udręczonych serc, kiedy widzieli, że demony uciekały od cierpiących w agonii.

Innym razem apostołowie wrócili do Jezusa po jednej ze swoich misji, tym razem byli jednak cisi, bez wątpienia nieco rozczarowani swoją porażką. Ojciec dziecka zwrócił się do Jezusa, przekazując Mu, że Jego uczniowie nie byli w stanie wyrzucić złego ducha z jego syna, zapytał dlaczego. Jezus odpowiedział: „Ten zaś rodzaj złych duchów wyrzuca się tylko modlitwą i postem" (Mt 17, 21). Odpowiedź Jezusa jest konkretna, kryształowo czysta i niepodważalna! Kiedy Jezus mówi „ten rodzaj", możemy jedynie wyobrazić sobie, że

7. POST MA MOC

odnosił się do bardzo złych i okrutnych duchów najwyższej rangi, które nie mogą być pokonane samą modlitwą apostołów w mocy imienia Jezus. Rzeczywiście, tak jak wśród aniołów i świętych, demony także mają swoją hierarchię, a to tłumaczy różne stopnie zła i krzywdy, które wyrządzają. Na tamten „rodzaj", który był bardziej oporny wobec modlitwy uczniów, konieczne jest wraz z modlitwą zastosowanie silnego i mocnego remedium, jakim jest post.

A jeśli chodzi o nas, jeśli wybierzemy modlitwę i post, to post będzie wymagał od nas pewnego poświęcenia, szczególnie na początku, kiedy potrzebne jest pokonywanie długo utrwalonych nawyków związanych z jedzeniem. Dlatego ja podejmuję szczególny wysiłek postu każdego tygodnia, aby zamknąć drzwi demonom tak, by nie mogły mnie skrzywdzić. Te demony są bezbronne i nie mogą mnie atakować, a ja mogę cieszyć się głębokim pokojem.

Poprzez post możemy zapobiegać cierpieniom i udaremniać plany, które demony knują przeciwko nam, naszym rodzinom, naszemu zdrowiu… Dlatego z całego serca robię wszystko, co w mojej mocy, nic mniej, i pozwalam, by Pan uczynił resztę.

Na tym etapie pragnę zadać ci pytanie: czy wolałbyś podjąć ofiarę postu, czy stać się celem intensywnych cierpień spowodowanych przez tych niewidzialnych i złośliwych wrogów, którymi są demony?

Co do mnie, podjęłam decyzję. W przeszłości wiele cierpiałam z powodu demonów, szczególnie w czasach młodości, kiedy praktykowałam okultyzm. Te cierpienia były nie do zniesienia. Dobrze wiedzą o tym ci, którzy byli dręczeni przez demony. W porównaniu do tamtych cierpień wysiłek postu jest jak delikatna pieszczota!

Przed jedzeniem „nie zapominajcie o błogosławieństwie!",

mówi Maryja. Zarówno Żydzi, jak i święci chrześcijanie nie mają śmiałości rozpocząć jedzenia bez wcześniejszej modlitwy. Wypowiedzenie krótkiej modlitwy nad chlebem ściąga wiele łask na ciebie, twój post i twoje zdrowie. Święta Bernadetta używała bardzo prostego sposobu – robiła ręką znak krzyża na bochenku chleba i mówiła: „Jeśli Bóg tu jest, niech On zostanie. Jeśli Szatan tu jest, niech odejdzie!". Każdy może znaleźć swoje własne słowa. Na przykład: „Przyjdź Panie, pobłogosław ten chleb, który dajesz nam w Twojej obfitości, ten owoc ziemi i pracy ludzkich rąk, aby dał nam siłę, by służyć Tobie. O, Panie, daj chleb tym, którzy są głodni".

Pojęcie postu jest obecne w Wulgacie św. Hieronima: *Hoc autem genus non eicitur nisi per orationem et ieiunium**. Ten fragment Ewangelii istnieje w różnych innych oryginalnych dokumentach w języku greckim. Niektóre odnoszą się do postu, inne nie. Nawet jeśli inne o nim nie wspominają, nadal możemy być pewni, że Jezus mówił o poście. Tak samo interpretujemy to, kto był obecny u stóp krzyża w czasie krzyżowania Jezusa: jedni ewangeliści wspominają o obecności Marii Magdaleny, inni nie. Wystarczy jednak, że jeden z nich pisze o jej obecności pod krzyżem, aby wierzyć, że Maria Magdalena była tam obecna.

---

* Mt 17, 21 – *Ten zaś rodzaj złych duchów wyrzuca się tylko modlitwą i postem.*

8. POLE BITWY

Dlaczego Matka Boża nieustannie zaprasza nas do postu dwa razy w tygodniu? Dlatego że jest Matką, a Jej macierzyńska miłość ze wszech miar przekracza każde ziemskie zaangażowanie. Ona wie, że dzisiaj Jej dzieci walczą na polu bitwy, zarówno doczesnej, jak i duchowej, i nie ukrywa tego przed nami. „Dzisiaj jak nigdy dotąd – mówi – Szatan chce zniszczyć wszystko, co jest w was święte. Chce zniszczyć wasze rodziny. Chce zniszczyć przyrodę, a nawet planetę, na której żyjecie. Szatan chce wojny". Tymczasem znaleźć się na polu bitwy ani nie wiedząc, kim jest nieprzyjaciel, ani nie znając jego metod niszczenia oznacza parcie do przodu bez odpowiedniej broni. Można to porównać do spacerowania po zaminowanym terenie w całkowitej nieświadomości ryzyka, jakie się na siebie ściąga, to skazywanie się na klęskę. Jeśli przeciwnie, posłuchamy słów Jezusa z Ewangelii powtórzonych przez Jego Matkę w Medjugorie, przywdziewając zbroję modlitwy i postu sięgniemy po odpowiednią broń, by pokonać wroga.

Niektórzy czytelnicy moich książek mówią mi później, że ta rada jest trudna do przyjęcia. Czy to jednak wskazówka czy raczej kierunek, w jakim zmierza nasze społeczeństwo jest trudny? Rzecz jasna, Bóg nie działa jak automat, nie dostępujemy zbawienia jedynie z tego powodu, że pościmy.

Rozejrzyjmy się jednak, dokąd zmierza ten świat? Czy już teraz nie znajdujemy się w stanie wysokiego zagrożenia? Nawet Matka Boża, która zawsze starannie dobiera słowa, by miały pozytywny i pełen zachęty wydźwięk, 2 września 2011 r. powiedziała nam, że „wszystko się rozpada!". Kiedy wydarza się wypadek drogowy, potrzebny jest szybki plan ratunkowy: trzeba ewakuować rannych i jak najszybciej dzwonić po pomoc. Co jednak możemy zrobić dla poranionych dusz, takich jak nasze? Ojciec Slavko Barbarić, święty ksiądz z Medjugorie, który dogłębnie rozumiał, dlaczego Matka Boża tak bardzo potrzebuje naszego postu, chciał, abyśmy rozważyli następującą kwestię: „Wyobraź sobie, że jesteś zaproszony do przyjaciół i z powodu cukrzycy przestrzegasz ścisłej diety. Przyjaciele ze zrozumieniem zaakceptują, że nie możesz jeść słodyczy czy innych smakołyków, żeby nie doprowadzić do nagłego pogorszenia stanu zdrowia. Nie będą mieć ci za złe, że potrzebujesz przestrzegać swojej diety. Chorując musiałbyś codziennie, każdego ranka i wieczoru powstrzymywać się od jedzenia, które kiedyś lubiłeś, a które teraz szkodzi twojemu zdrowiu".

A co ze zdrowiem duszy powołanej do życia w wieczności? Czy nie należy strzec jej z nieskończoną delikatnością? A zdrowie milionów dusz, które nie znają jeszcze miłości Bożej, które błąkają się bez celu? Czy nie warto podjąć trud postu, aby zagubieni odnaleźli światło wiary?

Niektórzy przyjaciele świętego Makarego z Egiptu, pustelnika żyjącego w IV wieku naszej ery, widząc jak niezłomnie pracował i pościł, próbowali go powstrzymać. On odpowiedział im jednak: „Zostawcie mnie w spokoju! To sposób na męczenie tego, który mnie dręczy!".

9. DAWAĆ CZY BRAĆ?

Nasze wybory pokazują głębię naszego zaangażowania w podążaniu za Jezusem i służbie bliźniemu.

Na przykład ludzie pracujący w biznesie bywają w różnym stopniu zaangażowani w swoją pracę. Niektórzy całkowicie oddają się zawodowym obowiązkom, są gorliwi w dosłownym sensie tego słowa, świetnie wykonując swoje zadania; inni pozostają aktywni, ale są mniej zmotywowani. Jeszcze inni pracują tylko po to, żeby się utrzymać i nie biorą sobie tak naprawdę do serca tego, jaka będzie przyszłość firmy, dla której pracują.

Podobnie dzieje się w życiu duchowym: jedni głęboko przejmują się losem całego Kościoła, ciężko pracują, by Chrystus został dobrze poznany i pokochany; niezależnie od tego, jakie zajmują miejsce we wspólnocie chrześcijan, całym sercem angażują się w swoją pracę i całkowicie oddają temu swoje życie. To święci, znani i nieznani, bez których przyszłość Kościoła byłaby niepewna. Z drugiej strony są także ci, którzy angażują się mniej radykalnie, i wreszcie ci, którzy ofiarowują wspólnocie kilka godzin raz na jakiś czas, by wypełnić czysto zewnętrzny obowiązek, nie wkładając weń serca.

Oczywiście trzeba powiedzieć, że stopień zaangażowania nie zależy od tego, co się robi, ale od tego, w jaki sposób. Jak mówiła Matka Teresa z Kalkuty: „Rzecz nie w wielkości czynu, ale w wielkiej miłości, jaką w najdrobniejszy czyn wkładamy". W praktyce postu istnieje podobna skala motywacji. Oczywiście możliwe jest pójść do nieba, nigdy nie poszcząc, mimo to żyjąc autentycznym życiem chrześcijańskim. Nadal są nieliczni, którzy pozostają chronieni, mimo że nigdy nie pościli. Kto zatem kocha ich tak bardzo, by nieść ich w swoich sercach i podejmować ofiary dla ich zbawienia? Za ile tysięcy grzeszników pościł proboszcz z Ars? Czy kiedy święta Faustyna pościła na tyle, na ile pozwalała jej reguła (zmieniła celę, by nikt się nie dowiedział o jej poście), wiedziała, że miliony chrześcijan i niechrześcijan będą korzystać z jej ofiar i świętości? Czy wiedziała, że dzięki jej pismom natchnionym przez Boże Miłosierdzie miliony grzeszników wrócą w objęcia Boga Ojca?

Z tą niezwykłą wolnością, jaką Bóg nam dał, możemy wybrać stopień naszego zaangażowania w poszerzanie królestwa Bożego na ziemi. Możemy dokonać wyboru, czy chcemy dawać, czy jedynie brać.

Zgadnijcie, który wybór sprawia, że ludzie są nieskończenie szczęśliwsi w tym życiu i na tamtym świecie?

10. CZY JEST JAKIEŚ WYJŚCIE Z DRÓG ZNISZCZENIA?

Często spotykam rodziców martwiących się o swoje dzieci, które idą drogą zatracenia, zwłaszcza te, które eksperymentują z narkotykami. Ci rodzice modlą się żarliwie, odbywają pielgrzymki, odmawiają nowenny, ale niejednokrotnie często zniechęcają się, widząc, że nic się nie poprawia. Proszą mnie wówczas, żebym się modliła albo żebym poprosiła widzących z Medjugorie o modlitwę w ich intencjach. Zapewniam ich, że ich własna modlitwa ma wielką wartość w oczach Boga. Potem zadaję im kluczowe pytanie: „Czy pościcie w intencji swojego dziecka?". „Nie, siostro, ale bardzo dużo się modlimy!". Odpowiadam: „To bardzo dobrze, ale dlaczego nie pościcie?". Mówią mi: „Hm..., no tak, siostro..., nie umiemy zrezygnować z jedzenia". „Rozumiem, ale czy jesteście gotowi dodać do waszej modlitwy post, aby uratować swoje dziecko?". Po chwili ciszy często kończą słowami: „Dobrze, będziemy pościć".

Jeden z widzących, Ivan Dragićević w czasie wywiadu udzielonego 14 sierpnia 2012 r. ojcu Livio Fanzaga dla Radia

Maryja mówił o przyszłości Kościoła. Przytoczę tu fragmenty tego wywiadu, nad którym warto się zatrzymać.

„Kiedy tajemnice Gospy zostaną ujawnione w Medjugorie, Kościół katolicki będzie przechodził przez duże próby dotyczące świata i wiernych, a część tych cierpień już się zbliża".

„Dzisiaj Szatan jest silniejszy niż kiedykolwiek wcześniej i chce przede wszystkim zniszczyć rodziny i młodych, ponieważ to oni są fundamentem świata. Prezydenci i rządzący narodami otrzymują swoją władzę od Boga, ale wielu z nich używa jej do własnych celów. Skutkiem jest chaotyczne społeczeństwo. Bez Boga świat nie ma przyszłości. Matka Boża zaprasza nas do tego, by wrócić do Boga i by iść z Nim w przyszłość, zapewniając w ten sposób pokój i harmonię. Rządy bez Boga są anarchią, rządami zwodniczymi.

Dlatego ważne jest, by Bóg pozostawał obecny w sprawowaniu rządów i by to On był na pierwszym miejscu. Tam, gdzie brakuje sumienia, pokój jest nieustannie zagrożony. Najokrutniejszą wojną jest ta, która wybucha w sercu człowieka, w którym pustka bez Boga pozwala Szatanowi przejąć szeroką inicjatywę działania".

Ivan poprosił następnie słuchaczy o modlitwę, aby plany Maryi mogły się wypełnić.

W czasie spotkania z pielgrzymami w Medjugorie Ivan powiedział: „Głównym celem Szatana są rodziny i młodzi, drugim celem jest zniszczenie Kościoła i księży. On chce zapobiec rozkwitowi powołań kapłańskich [*]".

---

[*] Ivan otrzymał od Matki Bożej misję modlitwy za księży i rodziny. W każdy czwartek, kiedy Ivan jest w Medjugorie, otwiera swoją kaplicę księżom, którzy pragną modlić się razem z nim w czasie objawienia.

10. CZY JEST JAKIEŚ WYJŚCIE Z DRÓG ZNISZCZENIA?

Prób, które przechodzimy dzisiaj, można było uniknąć! Nadal jednak możemy uniknąć przyszłych! Jak mówi także Matka Boża: „Drogie dzieci, postem i modlitwą możecie uzyskać wszystko" (15 października 1983 r., do Jeleny Vasilj).

11. SUGESTIE SZATANA

Kiedy przygotowujemy Bogu miejsce poprzez post, diabeł ucieka. Jezus uwalnia nas od naszych przeszłych grzechów, a Matka Boża naprawia zniszczenia, które one wywołały, i okrywa nas nową pięknością! Oczywiste jest, że to wprawia Szatana we wściekłość.

Maryja ostrzegła grupę modlitewną w 1983 roku: „Bądźcie rozważni, ponieważ Szatan kusi wszystkich, którzy podjęli decyzję o konsekracji Bogu. Będzie sugerował tym, którzy dużo się modlą i poszczą, że powinni stać się tacy jak inni młodzi ludzie i szukać przyjemności. Nie słuchajcie go ani nie bądźcie mu posłuszni! Kiedy staniecie się mocni w wierze, demon nie będzie w stanie was skusić" (16 czerwca 1983 r.).

Powinniśmy pozostać czujni w tej walce. Kuszenie Szatana jest bardzo subtelne! Matka Boża upomina nas za brak świadomości tego. Co zrobi Szatan, kiedy zobaczy, że podjęliśmy decyzję o poście? Będzie sugerował: „Dwa razy w tygodniu? To za dużo! Wyalienujesz się spośród członków rodziny i przyjaciół! W dni postu nie będziesz dobrze wyglądać, będziesz blady i mizerny. Zamiast pościć, przyrządź sobie stek, to ci dobrze zrobi. Bóg nie chce, żebyś tracił siły, a jeśli będziesz pościć, staniesz się słaby. Zachowuj się jak inni, oni nie martwią się o

II. SUGESTIE SZATANA

te sprawy. Ciesz się życiem i jedz, cokolwiek chcesz, zrelaksuj się i odpręż!".

Pamiętajmy jednak, że Jezus nigdy nie nauczał w Ewangelii: „Róbcie tak, jak inni". Kiedy słyszysz takie słowa, możesz być pewien ich pochodzenia. Najlepszy sposób, by dostać się w ręce Szatana, to „robić to, co inni". Pomyślcie, co rzeczywiście robi świat?

Kiedy Szatan nas kusi, często popełniamy błąd, odpowiadając mu. Kiedy mówi: „Powinieneś jeść, zobacz, jaki jesteś blady! Po prostu coś zjedz!", nie wolno nam odpowiadać: „Chcę pościć, czy nie widzisz, jaki jesteś okropny? Odejdź ode mnie!". Nigdy tak nie róbcie, nie wolno nam rozmawiać z Szatanem. Kiedy nas nęka, zamiast z nim rozmawiajmy z Bogiem: „Panie, Szatan mnie dręczy, proszę, zrób coś!". Szatan może nas z łatwością przechytrzyć i zwieść, jeśli wejdziemy z nim w rozmowę. To w ten sposób Ewa została oszukana. Gdyby zamiast z nim rozmawiać, powiedziała Bogu: „Panie, tutaj jest wąż, który mówi mi zupełnie co innego, niż Ty mi mówiłeś, co powinnam zrobić?", z pewnością nie zjadłaby owocu!

Post przynosi wielkie owoce, kiedy pościmy całym sercem. Często w środy i piątki rano nie chce nam się podejmować postu. Jeśli jednak wejdziemy w ducha postu z miłością do Chleba Życia, stawiając Jezusa na pierwszym miejscu, uda nam się podjąć post z zaangażowaniem serca, z miłości do Jezusa!

Matka Boża powiedziała: „Drogie dzieci! Dzisiaj wzywam was, byście zaczęły pościć z zaangażowaniem serca. Wielu ludzi pości, ale tylko dlatego, że robią tak inni. Post stał się zwyczajem, którego nikt nie chce zmieniać. Proszę parafię o post wypływający z wdzięczności za to, że Bóg pozwolił mi zostać tak długo w tej parafii. Drogie dzieci, pośćcie i módlcie się sercem. Dziękuję, że odpowiedziałyście na moje wezwanie" (20 września 1984 r.).

Post powinien być dziękczynieniem za Eucharystię i obecność Matki Bożej między nami.

12. AŻ WYPEŁNI SIĘ PLAN

Wszyscy chcemy w pełni żyć powołaniem, które Bóg złożył nam w naszych sercach, kiedy nas stwarzał, i pragniemy, aby Jego plan dla nas wypełnił się przed naszą śmiercią. Chcemy usłyszeć Pana, który powie nam: „Jestem zadowolony, ponieważ pozwoliłeś mi wypełnić wszystko, co dla ciebie zamierzyłem!".

W 1985 roku Matka Boża powiedziała: „Drogie dzieci, chciałabym powiedzieć wam, byście na nowo przyjęły orędzia, które wam daję. Żyjcie szczególnie postem, ponieważ poszcząc, sprawicie mi radość z tego powodu, że spełnia się cały plan, jaki Bóg zamierzył tutaj, w Medjugorie" (26 września 1985 r.).

Kiedy Maryja mówi o planie dla Medjugorie, mówi o planie dla każdego z nas. Poprzez post pozwalamy Bogu na zrealizowanie projektu, jaki ma dla nas, dla naszych rodzin, naszego miasta. Pozwólmy Bogu w pełni wypełnić Jego plan. Kiedy nas stworzył, uwierzył w nas!

Modląc się, mamy nadzieję, że Bóg odpowie na nasze modlitwy. Tak samo kiedy Bóg patrzy na nas, ma nadzieję, że ziarna, które zasiał w głębi naszych serc, wykiełkują tak, że z pomocą Jego łaski otworzymy się jak kwiat i rozwiniemy nasz potencjał, by osiągnąć świętość. Poszcząc, mamy możliwość w pełni zrealizować Boży plan dla nas. Czy chcesz, aby Bóg wysłuchał wszystkich twoich modlitw? Oto przesłanie, które otworzy ci nowe horyzonty: „Modlitwa jest jedyną drogą, która przynosi pokój". „Jeśli wytrwacie w modlitwie i poście, otrzymacie wszystko, o co się modlicie" (15 października 1983 r.).

Podjęcie wezwania do postu ma wielką moc. Bóg nigdy nie prosi nas o to, czego nie jesteśmy w stanie spełnić. Tak jak kiedy jesteś chory, nikt nie oczekuje, że będziesz grać w piłkę, jednak w swojej chorobie nadal możesz wypowiadać Bogu swoje „tak", ofiarowując Jezusowi cierpienie. Jest to najbardziej owocne. Jeśli ktoś trwa w grzechu, powinien zdecydować się na nawrócenie. Mimo że łaska Boża nie ma granic, Bóg wymaga naszego „tak". Może wtedy rozlewać obfite łaski na cały świat. Dopiero w Niebie odkryjemy, że dzięki postowi, dzięki naszemu „tak" w odpowiedzi na prośbę Maryi setki lub tysiące młodych ludzi uniknęło samobójstwa, wiele młodych par nie rozwiodło się i wiele dzieci zostało ocalonych przed aborcją. Kto może poznać moc naszego „tak"? Wypowiedzmy je zatem i zacznijmy żyć wezwaniem Maryi!

13. CZYŚCIEC

Post o chlebie i wodzie za tych, którzy nie mogą już modlić się sami za siebie jest wspaniałym uczynkiem miłosierdzia. Ludzie, którzy żyli przed nami, a których dusze znajdują się teraz w czyśćcu, bardzo cierpią. W 1982 roku Matka Boża powiedziała do widzących: „Dusze czyśćcowe oczekują na wasze modlitwy i ofiary" (2 listopada 1982 r.).

Kiedy tracimy bliskiego przyjaciela lub członka rodziny, pięknie jest zanieść na cmentarz kwiaty, postawić zdjęcie zmarłego na nocnym stoliku i wspominać dobro, które dla nas uczynił, ale wszystko to nie jest mu w stanie nic pomóc. Jeśli chcemy, aby okrutne cierpienia czyśćca szybko mogły się dla tej osoby skończyć, musimy za nią pościć. Ten doskonały i wolny czyn miłości tworzy cudowną więź między żyjącymi i zmarłymi i uwalnia dusze od ich agonii.

Oczywiście Matka Boża przekazała nam, że Msza święta jest nadzwyczajnym środkiem uwalniającym dusze z czyśćca, ale… nie zapominajmy, że prosiła nas także o post!

14. WYBIERAJĄC UZDROWIENIE

Matka Boża dużo mówi o uzdrowieniu. Wielu pielgrzymów szuka jej wstawiennictwa i prosi widzących o modlitwę za bliskich, którzy chorują. Maryja bierze wszystkie te sprawy głęboko do serca. W czasie prawie wszystkich wieczornych objawień na wzgórzu Ivan, jeden z widzących mówi, że Gospa modli się w sposób szczególny za chorych i za tych, których nosimy w sercach. Ona jest bardzo blisko tych, którzy cierpią na ciele i duszy. Gdyby chorzy wiedzieli, jak bardzo są drodzy Matce Bożej, byliby głęboko pocieszeni. Maryja widzi w nich swojego cierpiącego Syna. Przypomnij sobie o współczuciu i gorliwej miłości do chorych świętego Kamila de Lellis lub wielu innych świętych, również lekarzy, takich jak Giuseppe Moscati. Oni tak wyraźnie okazywali swoje współczucie, nie wstydzili się łez, byli w stanie wszystko zostawić dla swoich chorych braci. A to wszystko jest jeszcze niczym w porównaniu do współczucia, jakie Matka Boża ma dla swoich dzieci. Niepokalana dobrze wie, że choroba nie jest częścią pierwotnego planu Boga, ale owocem grzechu.

Przenajświętsza Maryja Panna mówi, że aby otrzymać uzdrowienie z choroby, dobrze jest odmawiać siedem razy

„Ojcze nasz", „Zdrowaś, Maryjo" i „Chwała Ojcu" i pościć o chlebie i wodzie. Co więcej, 23 czerwca 1983 r. przekazała Jelenie dodatkową modlitwę do odmawiania sercem, kiedy ktokolwiek z naszych bliskich choruje.

Jej słowa są następujące: „O, mój Boże, ta osoba, która choruje, przychodzi prosić Cię o to, co dla niej najcenniejsze. Ty, Boże, spraw, by to słowo przeniknęło do jej serca: «To zdrowie duszy jest ważne!». Panie, niech Twoja święta wola wypełnia się we wszystkim! Jeśli chcesz, aby została uzdrowiona, udziel jej łaski zdrowia! Jeśli jednak Twoja wola jest inna, niech dalej niesie swój krzyż. Proszę także za nas, którzy wstawiamy się za nią; oczyść nasze serca, aby stały się godne przekazywać Twoje święte miłosierdzie. O, Boże, chroń tę osobę i uwolnij ją od cierpienia. Niech przez nią Twoje święte Imię zostanie objawione. Pomóż jej dźwigać krzyż z odwagą".

Matka Boża powiedziała: „To najpiękniejsza modlitwa, jaką możecie odmawiać za kogoś, kto choruje".

Kiedy ktoś z naszych bliskich zmaga się z chorobą, martwimy się i poświęcamy dużo czasu, szukając najlepszego lekarza, najlepszych lekarstw, najlepszego specjalisty. Robimy wszystko, by ocalić życie chorego. Kiedy widzimy cierpienie dziecka, jesteśmy gotowi poruszyć niebo i ziemię, wydać fortunę, by ocalić mu życie. Walka o zdrowie jest jednak łatwiejsza, niż nam się wydaje, kiedy zaczynamy wypełniać wezwanie do modlitwy i postu. W wielu przypadkach modlitwa i post wyjednują cudowne uzdrowienie chorej osoby. Odpowiadając na pytanie o pewną konkretną chorą osobę, Gospa powiedziała: „Miejcie silną wiarę, módlcie się i pośćcie, a wyzdrowieje. Ufajcie i trwajcie w radości. Idźcie w pokoju Boga. Bądźcie cierpliwi i módlcie się o uzdrowienie" (26 listopada 1981 r.).

Jak ma się sprawa z namaszczeniem chorych? W niektórych przypadkach ten sakrament Kościoła katolickiego przynosi ze sobą uzdrowienie z choroby, za każdym razem jednak jego owocem jest pokój serca. Nie czekajmy z wezwaniem księdza ze stułą i świętymi olejami do momentu, kiedy chory jest na granicy śmierci. W takiej sytuacji na sam widok chory może umrzeć ze strachu! Przeciwnie, wezwijmy kapłana i zacznijmy pościć za chorą osobę, kiedy choroba zaczyna postępować. Sakrament namaszczenia nazywany jest czasami dosłownie „ostatnim namaszczeniem"; mówiąc szczerze, nie jest to precyzyjna nazwa. Słowo „ostatnie" wywołuje wrażenie w chorym, że niedługo umrze, i całkiem zrozumiałe, że może się tego bać. Tymczasem po otrzymaniu namaszczenia chorych można żyć jeszcze wiele lat i przyjąć wiele kolejnych sakramentów.

Któregoś dnia przyszła do mnie pewna kobieta, która chorowała na nowotwór i powiedziała: „Moim problemem jest to, że w mojej rodzinie nikt nie jest wierzący, więc nikt się za mnie nie modli ani nie pości". Odpowiedziałam, że my będziemy się modlić i pościć za nią. W dzisiejszym świecie podobny problem ma wielu ludzi. Można temu łatwo zaradzić. Odwiedzaj chorych w rodzinach, w których nikt się nie modli, rozmawiaj z nimi o Panu, ogłaszaj Dobrą Nowinę i mów, że będziesz się za nich modlić i pościć. Kiedy widzący pytali Matkę Bożą, czy uzdrowiła tę czy inną osobę, często przypominała im, że ona nie może uzdrawiać i jedynie Bóg może to czynić. To, o co nas prosi, to modlitwa i obiecuje nam, że będzie modlić się za nas. My mamy jedynie mocno uwierzyć, pościć, pokutować, a Bóg przyjdzie z pomocą wszystkim swoim dzieciom. „Do uzdrowienia z choroby konieczna jest silna wiara, nieustanna modlitwa, której towarzyszy post i wyrzeczenia. Nie mogę pomóc tym, którzy nie modlą się i nie podejmują wyrzeczeń. Również ci, którzy są w dobrym zdrowiu, powinni modlić się i pościć za tych, którzy chorują" (18 sierpnia 1982 r.).

Jeśli uzdrowienie nie następuje, oznacza to, że Bóg ma inny plan, ale nie przestaje udzielać choremu swoich łask. Nawet w takiej sytuacji nie porzucajmy modlitwy, a Matka Boża wyprosi nam nowe spojrzenie i łaskę przyjęcia z miłością woli Bożej.

Pomyśl o doświadczeniu Zélie i Louis Martinów, rodziców świętej Tereski, obecnie obydwojga świętych. Kiedy zdali sobie sprawę, że choroba Zélie nie dawała szans na wyzdrowienie i żadne dostępne kuracje nie działały, postanowili pojechać do Lourdes razem z trzema starszymi córkami. Nadzieja, jaką żywiła ta świątobliwa rodzina, była ogromna, ale towarzyszyło jej jeszcze większe zaufanie. Zélie dbała o to, by przypominać dzieciom, że to, co jest ważne, to wola Boża, żeby modlić się bez zwątpienia, ale być gotowym na przyjęcie tego, że po powrocie do domu uzdrowienie może się nie dokonać. Niestety, po pielgrzymce do Lourdes nie doszło do uzdrowienia i nawet wielokrotne przyjmowanie błogosławionej wody, którą rodzina przywiozła z pielgrzymki, nie uratowało życia Zélie... Zgodzicie się chyba jednak ze mną, że historia tej rodziny byłaby zupełnie inna, gdyby pięć córek nie wstąpiło później do zakonu..., prawdopodobnie Kościół miałby jednego Doktora mniej!

Bóg przygotował Zélie szczególne miejsce w niebie. Tak jak przygotował je nam i Maryja Dziewica dobrze wie, na którym z tronów zasiądzie każde z Jego dzieci. Bóg Ojciec jest gotów zaryzykować nasze małe cierpienie tu na ziemi po to jedynie, by zobaczyć, że przygotowane dla nas miejsca zostaną przez nas zajęte i kiedyś, tam, siedząc na naszym tronie, będziemy Mu przede wszystkim wdzięczni za to, że nie udzielił nam łaski, o którą go wcześniej prosiliśmy. Dlatego nie traćmy więcej wiary, próby, przez które przechodzimy, wysłużą nam wielką chwałę. A kiedy to nasi najbliżsi cierpią, na przykład nasze dziecko, prośmy Maryję, by nad nim czuwała z nieba i by pomogła nam prosić dla naszych najbliższych o największą możliwą łaskę. Posłużmy się matematyką: wieczność jest przecież o wiele, wiele dłuższa.

15. POST DZIECI

Kiedy mówię o poście dzieciom, staram się tłumaczyć im na przykładach, co to znaczy podejmować wyrzeczenie. Mówię, że Maryja przychodzi wieczorem do każdego domu i zbiera wszystkie ofiary, które podjęliśmy w ciągu dnia, wkładając je do koszyka. Potem proszę, by dzieci zamknęły oczy i pomyślały o jakimś wyrzeczeniu, które mogłyby ofiarować Maryi wieczorem, kiedy po nie przyjdzie. Widzę, jak mocno zamykając oczy, koncentrują się na modlitwie i z radością mówią w pewnym momencie: „Już wiem!".

To niezwykłe obserwować, jak dzieci dużo wiedzą o hojności! Nie chodzi o to, by przekonywać dzieci do postu o chlebie i wodzie dwa razy w tygodniu. Będzie to jednak ważne, kiedy zobaczą swoich rodziców praktykujących post. Jestem pewna, że zaraz zasypią ich pytaniami: „Po co pościcie?", „Czy ja też mogę?" i „Ja też chcę podjąć wyrzeczenie!", a później zrezygnują ze słodyczy, lodów, przestaną jeść swoje ulubione smakołyki, poradzą sobie bez oglądania telewizji i gier komputerowych.

Naprawdę nie ma granic w ich umiejętności kochania i dawania. Dzieci uczą nas, co to znaczy być hojnym! Spotkałam pary, które zrezygnowały z rozwodu dzięki poświęceniom i modlitwom dzieci. Dzieci są bardzo inteligentne, dobrze wiedzą, z jakim wysiłkiem wiąże się wyrzeczenie. Potrafią odmówić sobie ciastek, lodów albo dojeść do końca resztki na talerzu. Są w stanie kontrolować także swój język i posłużyć się jednym słowem zamiast dziesięcioma. Tego rodzaju poświęcenia przygotowują je do postu o chlebie i wodzie.

Clare, mała, pięcioletnia dziewczynka, w czasie modlitwy różańcowej z rodzicami i starszym bratem nigdy nie potrafiła wytrwać do piątej tajemnicy bez zaśnięcia. Siostra zakonna, bardzo bliska tej rodzinie, opowiedziała dziewczynce historię, jak można pocieszyć Jezusa w dni poprzedzające Boże Narodzenie, i podarowała jej małą, drewnianą kołyskę z siankiem. Każdego dnia Clare mogła dokładać źdźbło sianka za jedno podjęte wyrzeczenie. Dziewczynka była bardzo szczęśliwa 25 grudnia, kiedy mogła umieścić figurkę Jezusa na prawdziwym sianie! Któregoś ranka, po otrzymaniu tego niezwykłego podarunku, w czasie drogi do szkoły powiedziała mamie: „Mamusiu, dzisiaj odmówię cały różaniec". Wieczorem, kiedy wszyscy w rodzinie byli gotowi do modlitwy na różańcu, matka zobaczyła, jak jej córeczka klęka i trwa tak przed figurą Matki Bożej, przez wszystkie pięć tajemnic. Po modlitwie pełne szczęścia dziecko powiedziało: „Dzisiaj włożę do żłóbka Jezusa trzy źdźbła: jedno – ponieważ odmówiłam cały różaniec, drugie, ponieważ modliłam się na kolanach a trzecie, ponieważ przebaczyłam mojemu bratu!".

Oczywiście musimy być też czujni, ponieważ dzieci potrafią być bardzo sprytne i przebiegłe. Mój sześcioletni bratanek Françoise-Joseph odkrył pewien trick. Któregoś wieczoru podszedł do stołu i widząc na nim jedzenie, którego nie lubi, po wspólnej modlitwie błogosławieństwa uroczyście oświadczył swojemu tacie: „Tato, ja dzisiaj poszczę!". Jego tata odpowiedział: „Dobrze, twoim postem będzie w takim razie poświęcenie się i zjedzenie wszystkiego, czego nie lubisz!".

16. POST ZAWIESZA PRAWA NATURY

Królowa Pokoju powiedziała więcej niż raz: „Poprzez post i modlitwę można zatrzymać wojny, można zawiesić prawa natury".

Nie przywiązujemy wystarczającej wagi do tego orędzia. To oznacza, że takich kataklizmów, jak powodzie, trzęsienia i osunięcia się ziemi można uniknąć, jeśli tylko ktoś w mieście zagrożonym katastrofą pości.

To orędzie dotyczy także praw natury związanych z naszym ciałem. Znam pewną amerykańską pielęgniarkę, która prowadziła kiedyś bardzo grzeszne życie, rzucając się w ramiona każdego napotkanego mężczyzny. Jako dziecko uczęszczała na katechezę, ale dorastając, wolała odsunąć się od Boga i Jego dziesięciorga przykazań. W szpitalu, w którym pracowała, pracował również lekarz, który odwiedził kiedyś Medjugorie, gdzie radykalnie się nawrócił. Po powrocie do domu zaczął całym sercem żyć orędziami. Czując wewnętrznie, że tamta pielęgniarka potrzebowała pomocy, mimo że nie był z nią w żaden sposób związany, zdecydował w całkowitej wolności, że będzie pościł za nią i jej nawrócenie.

Pościł przez cztery lata. Któregoś dnia zupełnie

16. POST ZAWIESZA PRAWA NATURY

zdesperowana kobieta postanowiła popełnić samobójstwo. Jako pielęgniarka wiedziała, jaka ilość leków jest dawką śmiertelną. Połknęła pigułki i położywszy się do łóżka, czekała na śmierć.

Następnego ranka obudziła się wypoczęta, czując się bardzo świeżo, nie doświadczając najmniejszej dolegliwości, jakby napiła się wieczorem porządnej szklanki mleka! Była w szoku.

Zrobiło to na niej takie wrażenie, że nadal żyje, iż zaczęła mówić: „Ktoś nie chce, abym umarła. Zatem z pewnością Bóg istnieje i to On chce, abym żyła!". Zastanawiając się nad istnieniem Boga, doszła do wniosku: „Bóg mnie kocha".

Kiedy wróciła do pracy, poczuła się niemalże zobowiązana, żeby opowiedzieć swoją historię wspomnianemu lekarzowi. To wtedy ów lekarz zdał sobie w pełni sprawę z tego, jaki skutek odniósł jego post. Dzięki niemu Bóg rzeczywiście mógł uczynić cuda w życiu tej pielęgniarki. Lekarz wykorzystał okazję, by opowiedzieć jej o Bogu, co przed próbą samobójczą było zupełnie nie do pomyślenia. Serce kobiety otworzyło się na pełną miłosierdzia miłość Boga. Szybko zrozumiała, że post lekarza zatrzymał prawa natury i powstrzymał działanie chemicznych substancji w jej organizmie.

Rozmówca poradził jej też, by pojechała do Medjugorie. To tutaj Matka Boża pozwoliła jej doświadczyć swojej wielkiej miłości, a nawet ukazała się jej. Kobieta nie mogła uwierzyć, że Maryja przyszła do takiej grzesznicy jak ona. Pielęgniarka od razu zakochała się w Matce Bożej, wkrótce poszła do spowiedzi. Wyznała wszystkie swoje grzechy i od tamtego dnia jej życie zupełnie się zmieniło. Dziś jest apostołką Matki Bożej w Stanach Zjednoczonych i mówi o sobie: „Urodziłam się w Medjugorie".

17. SZATAN NIE DAJE PREZENTÓW

Tłumaczyłam już, że post wyjednuje znacznie więcej uzdrowień, niż myślimy, więc zamiast biegać od lekarza do lekarza, dobrze byłoby, gdybyśmy zaczęli pościć i modlić się.

Niestety wielu ludzi (mówi się, że nawet 13 milionów Włochów) korzysta z usług „uzdrowicieli", mistrzów jogi, reiki i wróżbitów, aby poczuć ulgę od swoich dolegliwości. Musisz wiedzieć jednak, że owi fałszywi uzdrowiciele otrzymali kiedyś swój dar, Bóg wie od kogo.

We Wspólnocie Błogosławieństw często pomagamy naprawić zniszczenia po tych, tak zwanych, cudownych uzdrowicielach; prowadzimy coś w rodzaju punktu naprawczego! Kiedy ludzie idą do uzdrowiciela, mając na przykład problem z lewym kolanem, może zdarzyć się, że ich kolano wyzdrowieje, nie wiedzą jednak, że ich dolegliwość zostaje po prostu przeniesiona. Inny organ zaczyna niedomagać, a choroba staje się jeszcze poważniejsza. Ludzie wracają potem do uzdrowiciela, który wypowiada kolejne zaklęcia i może być, że i tym razem ból zniknie, ale kolejna choroba pojawi się gdziekolwiek indziej, gorsza niż poprzednia. Któregoś dnia „pacjenci" budzą się z niewypowiedzianym niepokojem,

17. SZATAN NIE DAJE PREZENTÓW

kuszeni do popełnienia samobójstwa, życząc sobie śmierci. Jak to możliwe, że ktoś znajduje ciało młodego człowieka, który powiesił się, podczas gdy nic wyraźnie nie wskazywało na to, że targnie się na swoje życie? W wielu przypadkach okazuje się później, że matka zaprowadziła go jako niemowlę do takiego uzdrowiciela.

Uzdrowiciel wypowiada dziwne słowa (czasami zmieszane z chrześcijańskimi modlitwami), często używa sekretnych formuł, w których przypadkowo mówi o sobie jako o Judaszu, zdrajcy; wykonuje masaże... Pewien były uzdrowiciel, który wyrzekł się swoich praktyk, po nawróceniu wyznał mi, że otrzymał swoje „moce" od innej osoby, która otrzymała je z kolei od kogoś innego i tak, patrząc wstecz, okazuje się, że u ich źródła był jakiś czarownik, który otrzymał je bezpośrednio od Szatana! Nie pozwólcie się ogłupić, Szatan jedynie udaje uzdrowienia, próbując naśladować uzdrowienia, których dokonuje Jezus. Jezus przekazuje nam w Ewangelii, że w czasach ostatecznych fałszywi prorocy będą dokonywać nadzwyczajnych znaków i cudów, aby, o ile możliwe, kusić wybranych. To prawda! Ponieważ Szatan nie daje darów, jedyne, co robi, to przenosi chorobę w inne miejsce, czyniąc ją jeszcze gorszą.

Dlatego ci, którzy chodzą do uzdrowicieli, nigdy nie zdrowieją. Przeciwnie, nadal chorują, a choroba przenosi się z ciała do serca, a z serca do duszy. Z cierpienia jedynie fizycznego rozwija się nagle pokusa do popełnienia samobójstwa, niezwykła nienawiść, głęboka depresja. Pewnego dnia nie mogą już znieść swojego małżonka, jego sposobu mówienia, chodzenia, jedzenia. Nagle nie są w stanie się modlić i tracą radość życia, są otępiali, nie są w stanie rano wstać z łóżka i wykonywać swojej pracy, nie mogą się ruszać i mają okropne bóle głowy. Skutki takiej „złej medycyny" dotykają także dzieci. Mimo że osoby korzystające z usług uzdrowicieli przestaje dręczyć dolegliwość fizyczna, cierpią na brak motywacji, odczuwają w środku głęboką pustkę. Błagam cię, nie chodź do uzdrowicieli! Matka Boża często mówi o chodzeniu do lekarzy, ale nigdy o tym, by iść do szamana. Dlaczego? Bo dobrze wie, kto za nimi stoi! Uzdrowiciele spowodowali wiele śmierci, samobójstw oraz chorób umysłowych. To mój obowiązek powiedzieć ci: nie chodź do uzdrowicieli, nawet jeśli oferują ci, że uleczą cię za darmo, nawet jeśli trzymają w domu figurę Matki Bożej z Lourdes z różańcem w dłoniach i zdjęcie Ojca Pio!

18. JEZUS ŁAMIE WIĘZI ZŁA

Jeśli byłeś u uzdrowiciela sam lub zaprowadziłeś tam swoje dziecko, idź do księdza i poproś Jezusa o przebaczenie za tę praktykę. Poproś też, by ksiądz pomodlił się o to, by wszelka więź z mocami ciemności, która powstała z tobą lub twoim dzieckiem po słowach uzdrowiciela została zerwana. Często dobra spowiedź wystarczy, by przerwać zły łańcuch. Sakrament pojednania ma wielką moc nad tego rodzaju złem. Konieczne jest jednak wyrzeczenie się zła i zamknięcie drzwi wszelkiemu rodzajowi praktyk okultystycznych. Możesz także powtórzyć przyrzeczenia chrzcielne; to bardzo ważne, aby zerwać wszelką więź z Szatanem, jego kuszeniem i jego dziełami. Post wraz z modlitwą ma moc realnie nas uzdrowić. To Pan Jezus daje nam prawdziwe uzdrowienie; nie tak jak fałszywe uzdrowienia, które proponuje Szatan i jego słudzy (często za duże sumy pieniędzy). Pan uzdrawia prawdziwe nie tylko nasze ciała, ale także nasze serca i dusze.

Niemożliwe jest przywołać wszystkie korzyści płynące z postu. Chciałabym jednak wymienić tutaj kilka najważniejszych, wiedząc, że pełna lista jest bardzo długa. Rozbrojenie demonów, aby bronić się przed złem, jest jedynie jednym z wielu owoców postu, a oto kolejne, niemniej cenne: fizyczne, emocjonalne lub duchowe uzdrowienie; uwolnienie dusz cierpiących z czyśćca; stworzenie w naszych sercach dodatkowej przestrzeni dla Ducha Świętego i dzięki temu większa dyspozycyjność do bycia prowadzonym przez Niego; czystość ducha; zapobieganie i zatrzymanie wojen (w nas, w naszej rodzinie i na całym świecie); zawieszenie praw naturalnych (katastrof takich jak tsunami, lawin, trzęsień ziemi i innych); lepsze rozumienie planu Boga na nasze życie i możliwość lepszego jego wypełnienia; głęboki pokój wewnętrzny; poczucie wolności. Post skraca czas oczyszczenia w czyśćcu; szybko ujawnia nasze ukryte uzależnienia i ma moc je pokonać; poprawia nasze zdrowie; uzdalnia nas do wykonania naszych inspiracji twórczych, takich jak pisanie muzyki, budowanie domu, malowanie ikony... (ikonopisarze poszczą przed rozpoczęciem swojej pracy, to zasada ich pracy!); sprowadza Boże błogosławieństwo na plany małżeńskie; wyjednuje Bożą łaskawość dla ciebie i innych w sprawie nawrócenia, pojednania, powrotu małżonka lub marnotrawnego dziecka...

Lista na tym się nie kończy. Nie mówimy tutaj o marzeniach, my w Medjugorie tym żyjemy!

NAJCZĘSTSZE PYTANIA

JAKI CHLEB JEŚĆ?

To prawda, że post o chlebie kupionym w sklepie jest trudny, ponieważ zawiera pełno konserwantów i ulepszaczy oraz wysoko przetworzoną mąkę. Dlatego lepiej jest pościć o chlebie lepszej jakości, wypieczonym z pełnoziarnistej mąki kukurydzianej lub z płatków jęczmiennych. Na dni postu postaraj się zaopatrzyć w chleb pełnoziarnisty, który złagodzi twój głód. Matka Boża nie chce, abyśmy cierpieli z głodu w dni postu. Jak wszyscy dobrze wiemy, są takie płatki, ziarna i mąki, które zawierają pszenicę, oraz takie, które jej nie zawierają. Dzisiaj wielu ludzi ma alergię na gluten, obecny w produktach takich jak pszenica, ryż, owies, jęczmień oraz orkisz. Z wymienionych ziaren polecamy używanie mąki orkiszowej, która może być jednym ze składników ciasta na chleb. Orkisz był najpowszechniej uprawianym ziarnem w Europie przez ponad dziewięć tysięcy lat. Jest znany z tego, że był podstawą diety rzymskich legionów. W XIX wieku uprawiano go w Stanach Zjednoczonych i Australii, dopiero później zastąpiła go pszenica, która dawała większe zbiory, była bardziej odporna na choroby i dlatego przynosiła większy dochód od orkiszu.

Dzisiaj orkisz przeżywa swoisty renesans w nowoczesnych społeczeństwach na całym świecie, który zaczął się w latach 80. ubiegłego wieku wraz z pojawieniem się przemysłu produkującego zdrową, organiczną żywność. Można znaleźć go w formie mąki, makaronów, klusek, semoliny lub całych ziaren. Są trzy rodzaje ziarna orkiszu: małe, średnie i duże; to ostatnie jest najbardziej popularne.

Orkisz jest bogaty nie tylko w białko (od 15 do 21%), zawiera także dużo żelaza, magnezu, aminokwasów, potasu i witaminy B. Wielu osobom orkisz dobrze zastępuje pszenicę, jako że zawiera znacznie mniej glutenu niż ona. W dodatku orkisz nie podrażnia błony śluzowej żołądka i jelit, i jest silnym stymulatorem układu odpornościowego.

Święta Hildegarda uznawała orkisz za „króla ziaren". Warto zaznaczyć, że w czasie uprawy orkiszu stosowanie pestycydów i innych substancji chemicznych jest niepotrzebne, a podwójna łuska otaczająca ziarno chroni je przed promieniowaniem, zwłaszcza nuklearnym.

Jeśli masz alergię na pszenicę lub jesteś jedną z niewielu osób uczuloną na orkisz, dobrym substytutem mogą być ziarna ryżu, kukurydzy, prosa, komosy ryżowej, amarantusa i gryki. Jeśli okoliczności uniemożliwiają nam zapewnienie sobie najzdrowszego dla nas chleba, zadowólmy się chlebem, jaki mamy, jakkolwiek byłby ubogi, ponieważ Bóg wynagrodzi nam to w swój, zawsze boski sposób.

Niektórzy święci, jak proboszcz z Ars – jedli bardzo ubogo, ale pościli z miłością, a Pan dopełniał reszty. Kiedy Matka Boża pojawiła się w Medjugorie, rodziny, które tu mieszkały, były bardzo biedne, ale każdego dnia ludzie czuli się tu szczęśliwi, mając na stole chleb, o którym mogli pościć. Nie miało to znaczenia, jaki ten chleb był, ważne było, że to im Matka Boża zdecydowała się objawić.

Maryja nie przekazała nam, czy chleb może być tostowy, czy nie. Niektórzy ludzie lepiej trawią podgrzewany chleb. Jeśli tak, dlaczego nie? Zatem gdy chcesz samodzielnie wypiekać chleb w domu, możesz użyć przepisów, które znajdują się na końcu tej książki. Maryja, mówiąc o wodzie, także nie określa, czy woda ma być gorąca, czy zimna. Temperaturę wody możesz dobierać w zależności od pogody i pory roku. Kolejna rada – nawet jeśli mamy w zwyczaju automatycznie dodawać do napojów lód, zgodnie z tym co często mówił ojciec Slavko i co zostało potwierdzone przez kilku lekarzy, należy unikać bardzo zimnych napojów, podczas gdy gorące pomagają w trawieniu.

JAKIE PORY DNIA SĄ NAJLEPSZE?

To dobre pytanie. Maryja Dziewica mówi nam, byśmy pościli w środy i piątki, a wiemy, że dzień zaczyna się i kończy o północy. Jeśli pracujesz na nocne zmiany, możesz dostosować do tego swój plan. Możesz także zmodyfikować plan postu, aby pasował do twoich godzin pracy. Często starsze panie mówią mi: „Środa jest dniem, w którym przyjmuję u siebie z wizytą moje wnuki, to nie jest dobry dzień na post!". W takim wypadku bardzo dobrze jest przesunąć post z środy na wtorek, Matka Boża nie skupi się na tym ani się tym nie zmartwi! Kiedy dzień postu wypada w uroczystość, na przykład kiedy Zwiastowanie wypada w piątek, nie powinniśmy pościć tego dnia, możemy jednak podjąć post w sobotę, niedzielę lub w nadchodzący poniedziałek.

Na modlitwie, we własnym sumieniu zrozumiemy, jak Maryja chce, abyśmy zaczęli post. Na przykład kiedy zwróciła się do nas, byśmy odmawiali różaniec, powiedziała: „Nie nakładajcie modlitwy różańcowej na tych, którzy nigdy się nie modlili. Dziś pozwólcie im odmówić sercem «Ojcze nasz», jutro tak samo «Zdrowaś, Mario», a następnego dnia «Chwała Ojcu» – również sercem". To samo dotyczy postu. Jeśli jesteśmy od razu w stanie pościć o chlebie i wodzie dwa razy w tygodniu, chwała Bogu! Możemy jednak dojść do tego także stopniowo. Lepiej jest zaczynać pomału, pozostając wiernym swoim ofiarom, niż zacząć szybko i poddać się po dwóch miesiącach. Można na przykład zacząć post w piątek w porze obiadu, potem dodać postny obiad w środę, następnie piątkową kolację i w ten sposób zwiększać post krok po kroku. Powtórzę, że ważne jest to, by pościć z sercem. Abyśmy nie mieli bólu głowy ani nudności, Matka Boża prosi nas o mocną decyzję postu z zaangażowaniem serca, w dziękczynieniu za jej objawienia w Medjugorie. Vicka często mówi, że jeśli nadal towarzyszą nam trudności w czasie postu, to znaczy, że nie podjęliśmy jeszcze wystarczająco silnej decyzji, by pościć z zaangażowaniem serca.

CO Z CHORYMI?

Matka Boża mówi, że chorzy nie są wezwani do postu, ale wszyscy, którzy cieszą się dobrym zdrowiem, tak. Prosi chorych o ofiarowanie ich cierpienia i o inne wyrzeczenia.

Jeśli, na przykład, czytasz pornograficzne magazyny lub

oglądasz pornograficzne wideo, zacznij od porzucenia tej praktyki w środy i piątki! Potem wyrzeknij się tej rozrywki w ciągu całego tygodnia, ponieważ konieczne jest, byś porzucił grzech. Jeśli obrażasz swoją żonę słowami lub zaniedbujesz ją, w te dwa dni tygodnia poświęć jej szczególną uwagę, przestań ją wykorzystywać!

Mając jakiś zły nawyk, powinniśmy zacząć od porzucania go w te dwa dni, a pomału, grzech ustąpi! Matka Boża powiedziała: „Przede wszystkim, drogie dzieci, proszę was o wyrzeczenie się grzechu, który w was mieszka". Oraz: „Wielu przyjeżdża do Medjugorie, by prosić Boga o fizyczne uzdrowienie, ale niektórzy żyją w grzechu. Nie zdają sobie sprawy, że powinni najpierw szukać zdrowia duszy, które jest najważniejsze; że powinni się oczyścić. Powinni wyspowiadać się i wyrzec grzechu. Potem mogą prosić o uzdrowienie" (5 stycznia 1984 r.).

Dodała też: „Drogie dzieci! Zapraszam was do modlitwy i postu o pokój na świecie. Zapomnieliście, że modlitwą i postem można także uniknąć wojen, a nawet zawiesić prawa natury. Najlepszym postem jest post o chlebie i wodzie. Wszyscy, poza chorymi, powinni pościć. Jałmużna i czyny miłosierdzia nie mogą zastąpić postu" (21 lipca 1982 r.).

Chorym proponuję pewną formę wyrzeczeń oprócz tych wymienionych przez Matkę Bożą, dotyczących alkoholu, telewizji, surfowania po Internecie, używek takich jak tytoń, czy kawa. Dobrze zrobimy także, jeśli wyrzekniemy się śmieciowego jedzenia fast foodów. Maryja nie chce, abyśmy chorowali. Nasze zdrowie jest darem i tak jak każdy inny dar należy o nie dbać. Jeśli możemy, porzućmy także hazard, gry elektroniczne, niepotrzebne lektury o modzie, gotowaniu, wnętrzach, słuchanie muzyki, nałogowe zakupy, używanie negatywnych słów, narzekanie na swój ból i cierpienie, prowokacyjny ubiór. Moglibyśmy także zdecydować się, by spędzać mniej czasu w Internecie. Dostrzegam wielu ludzi, którzy nie zdają sobie sprawy, jak wiele czasu spędzają, grając w gry na komórkach, tabletach i komputerach. Możecie przestać sprawdzać horoskopy, chodzić do wszelkiego rodzaju magików, wiedźm, jasnowidzów. W kontekście postu myślimy tylko o „ofierze", ale jego praktyka powinna prowadzić nas także do dzielenia się naszym jedzeniem z ubogimi, ofiarowania książki lub DVD osobie, która nie może sobie na nie pozwolić, zamówienia Mszy świętej za naszego przeciwnika lub za dusze cierpiące w czyśćcu. Możemy jeść to, co nam nie smakuje, żeby zwalczać obżarstwo, zadzwonić lub napisać do kogoś, kto cierpi z powodu samotności, cierpliwie wysłuchać osoby, która nas irytuje, przynieść świeże kwiaty Matce Bożej do domowego lub kościelnego ołtarza. Nauczyć się na pamięć fragmentu Ewangelii lub psalmu. A co powiecie na medytację Siedmiu Boleści Maryi, dziesiątek różańca w intencji księdza lub lekturę o życiu świętych? Ojciec Pio swoim duchowym dzieciom zalecał przynajmniej pół godziny lektury duchowej dziennie!

JAK DUŻO CHLEBA JEŚĆ?

Inny ważny szczegół – Maryja nigdy nie określiła, jak dużo chleba powinniśmy jeść. To piękne, że jej wskazówki są tak proste; w ten sposób możemy czuć się bardziej wolni. Oczywiście nie powinniśmy myśleć: „Skoro poszczę, będę jeść dużo chleba". Jedzmy z umiarkowaniem, a Bóg nam pomoże. Wyboru jednak dokonujemy w wolności serca.

Pamiętam rozmowę Mirjany z pewną Amerykanką. Po

tym jak usłyszała, że powinniśmy pościć dwa dni w tygodniu o chlebie i wodzie, szeroko otworzyła oczy ze zdziwienia i zapytała Mirjany: „Czy kiedy wstaję rano, Maryja pozwoli mi na filiżankę kawy z odrobiną cukru, żebym mogła się obudzić?". Mirjana odpowiedziała: „Tak, ale pospiesz się, zanim Matka Boża się obudzi!".

Opowiadam o tym, żeby przekazać atmosferę miłości, jaka towarzyszy nam w relacji z Maryją. Ona nigdy do niczego nas nie zmusza; jesteśmy wobec niej jak dzieci wobec matki. Możliwe, że nasza amerykańska przyjaciółka po kilku latach postu była w stanie oddać Maryi także swoją poranną kawę.

Matka Boża, wskazując nam post, daje nam środek, byśmy mieli więcej miłości w sercu i przynosili owoce; okazuje, jak wzrastać w radości, pokoju i wolności. Powinniśmy przyjąć post jako dar z Nieba.

Pozwól, że zdradzę ci pewien sekret. Przez siedem lat w Medjugorie nie byłam w stanie podjąć postu, ponieważ w młodości chorowałam na kilka chorób. Byłam wtedy we wspólnocie członkiem „klubu słabeuszy". W naszym domu w Medjugorie dwie spośród piętnastu, miałyśmy ten sam problem i w dni, kiedy inni pościli, my jadłyśmy. Wcale mi się to nie podobało, ale bez względu na to, ile razy prosiłam Matkę Bożą, aby „coś z tym zrobiła", wydawało się, że nie ma na to rady. Zatem któregoś dnia zwróciłam się do Niej w bardziej emocjonalny sposób i powiedziałam: „Najdroższa Maryjo, zapraszasz mnie, abym jeździła po całym świecie i głosiła Twoje orędzia, ale widzisz, że kiedy mówię o poście, prześlizguję się po temacie. Nie chcę być hipokrytką. Ponieważ sama nie poszczę, nie będę mówić wyczerpująco o zachowywaniu postu, nie będę mówić o tym, czego nie znam. Proszę cię zatem o tę łaskę!". A ponieważ Maryja często mówiła o wspaniałych owocach postu, dodałam: „Czy nie chcesz, bym przynosiła te owoce?".

Krótko potem spotkałam pewnego mężczyznę z Meksyku, który doświadczył silnego nawrócenia w Medjugorie i rozpoczął apostolat na szeroką skalę, rozpowszechniając orędzia Matki Bożej w meksykańskiej telewizji. Kiedy rozmawialiśmy o tym, jak prowadzi swoje dzieła, zapytałam, co robi, kiedy brakuje mu środków potrzebnych w jego pracy. Odpowiedział: „Wszystko, czego potrzebujesz, wszystko, o co poprosisz Maryję, czego potrzebujesz do pracy apostolskiej – pieniądze czy zdrowie, rzeczy materialne czy dobra duchowe – dla siebie czy dla innych, Matka Boża zawsze ci to ofiaruje, JEŚLI będziesz robić wszystko, o co prosi". To JEŚLI zmieniło moje życie! Od razu przyszedł mi na myśl post. Postanowiłam więc porozmawiać z Maryją sam na sam i powiedziałam: „Od jutra będę robić wszystko, o co prosisz!". Było tak, jakby te słowa otworzyły mnie na łaskę. Oświadczyłam Maryi: „Jutro będę pościć o chlebie i wodzie, proszę Cię, daj mi tę łaskę! Wiesz, że nie jestem bardzo odważna, więc proszę Cię o znak: abym jutro przez cały piątek nie czuła głodu i nawet nie myślała o jedzeniu". Matka Boża spełniła moją prośbę. Pościłam przez cały ten dzień, a wieczorem nadal czułam się silna. W ten sposób otrzymałam łaskę postu. Prosić musimy żarliwie.

To normalne, że chorzy nie poszczą. Wiedz jednak, że post leczy niektóre choroby. Jeśli chorujesz, porozmawiaj ze swoim lekarzem i zapytaj, jak częściowo możesz zachowywać post. Oczywiście nie możesz nagle zaprzestać leczenia albo wyrzucić lekarstwa, to niebezpieczne. Jednakże post polegający na jedzeniu jednego posiłku tygodniowo składającego się z chleba i wody nie pogorszy twojego stanu zdrowia. Znam pewną osobę, która miała poważny problem z żołądkiem i dlatego nigdy nie pościła. Któregoś dnia na modlitwie poczuła, że powinna zacząć pościć, i post uleczył jej żołądek! Każdy przypadek jest inny, szczególną ostrożność powinny jednak zachować te osoby, które cierpią na poważne choroby.

DLACZEGO CHLEB?

Często jestem pytana: „Dlaczego chleb i woda? Dlaczego nie ziemniaki, soczewica lub ryż?". To proste, tak jak powiedziałam wcześniej; wszystko powiązane jest z Eucharystią, Chlebem Życia. Jezus nie powiedział: „Jestem ryżem życia", powiedział: „Jestem Chlebem Życia". To dlatego w czasie postu jemy chleb. Nie zapominajmy, że Jezus jest w centrum wszystkiego, o co prosi nas Najświętsza Maryja Panna. Poszcząc o chlebie i wodzie, stajemy się bardziej zdolni do przyjmowania Chleba Życia. Stajemy się także bardziej otwarci na Życie Wieczne i napełniamy się wodą żywą, aż staniemy się jak rzeka, która nawodni cały świat. Sama Maryja powiedziała: „Drogie dzieci! Dzisiaj zapraszam was, aby podjąć decyzję dla Boga, ponieważ oddalenie od Boga jest owocem braku pokoju w waszych sercach. Bóg sam jest pokojem. Dlatego zbliżajcie się do Niego dzięki waszej osobistej modlitwie, a potem żyjcie pokojem w waszych sercach, w ten sposób pokój będzie płynął z waszych serc na cały świat jak rzeka. Nie rozmawiajcie o pokoju, ale czyńcie pokój" (25 lutego 1991 r.).

Pamiętajmy, że to Jezus wybrał chleb, podstawę ówczesnej diety, niezbędny, prosty pokarm, dostępny i ważny dla wszystkich. On chce stać się najważniejszy, niezbędny dla naszych dusz. Chleb powinien przypominać nam o ziarnie, które wpada w ziemię i obumiera, by przynieść owoc: powinien przypominać nam historię Odkupienia.

Wreszcie chleb wyraża także konieczną współpracę między Bogiem, Stwórcą wszystkiego, co dobre, dającym człowiekowi do dyspozycji owoce ziemi, a człowiekiem, który swoją pracą przetwarza te owoce, o czym przypomina nam modlitwa ofiarowania w czasie Mszy świętej:

„O, Panie, przyjmij nasze dary w tym tajemniczym spotkaniu naszej nędzy z Twoją wielkością. Ofiarujemy Ci to, co nam dałeś, a Ty w zamian dajesz nam siebie! Przez Chrystusa, Pana naszego".

DLACZEGO JA?

Kiedy pościsz, nie patrz na sąsiedni talerz. To bardzo ważne. Jeśli będziesz to robić, możesz zacząć osądzać twojego brata, który nie pości. Czyniąc tak, będziemy tacy sami jak faryzeusze, którzy pytali Jezusa, dlaczego uczniowie nie poszczą (Łk 5, 33). Być może tamci faryzeusze nie tylko nie pościli z sercem, ale także ignorowali to, że podążanie za Jezusem w dzień i w nocy nie było łatwe. Chodzenie po całej Palestynie, głoszenie Dobrej Nowiny w słońcu i w niepogodę, jedzenie wtedy, kiedy było to możliwe, nie zawsze ulubionych potraw, musiało być trudne. Apostołowie nie pościli jedynie dwa dni w tygodniu!

Pamiętaj, że osądzanie zawsze pochodzi od demona. Powinniśmy działać w zgodzie z naszym sumieniem, jednocześnie szanując wolność innych. Może twój sąsiad nie pości, mimo że jest w dobrym zdrowiu. Jeśli pokornie się za niego pomodlisz, może któregoś dnia zacznie pościć i Bóg udzieli mu wielu łask jak robotnikom ostatniej godziny (Mt 20, 1–16). To taka postawa oznacza bycie chrześcijaninem.

Dobrze jest pościć i mieć nadzieję, że więcej i więcej ludzi będzie to robić, jednak ważniejsze jest to, że to my pościmy, odpowiadając na wołanie Boga, które przekazuje nam Matka Boża.

BYĆ PRZEDŁUŻENIEM RĄK BOGA

Post jest czynem miłosierdzia, który poszerza serce. Nie będziesz już pościć tylko za swoje dziecko, męża czy księdza; twoje serce urośnie do rozmiarów serca Boga. Twoje serce jest zdolne pomieścić Boga! On złoży wszystkie swoje boskie pragnienia w twoim ludzkim sercu. Poszcząc, pozwolisz Bogu poszerzyć granice swojego serca i tak sięgniesz nieba.

Poprzez post i modlitwę Bóg chce wylać na nas swoją Boską moc, tak by mogła dosięgnąć wszystkich potrzebujących na świecie, szczególnie tych, którzy cierpią. Jest to gest wzięcia za ręce potrzebujących braci i sióstr. Nasze wyciągnięte dłonie będą mogły przekazać światło i rozdać radość życia tym, którzy kroczą w ciemnościach. Pomożemy im uklęknąć i powiedzieć: „Ojcze nasz, dziękuję Ci za dar życia, za odkrycie radości życia". Staniemy się wyciągniętymi dłońmi Boga do tych, którzy nie mają wiary i żyją w ciemności.

„Drogie dzieci! Dzisiaj zapraszam was w szczególny sposób do tego, by otworzyć się na Boga Stwórcę i by podjąć działanie. Zapraszam was, by zobaczyć teraz tych, którzy potrzebują waszej duchowej lub materialnej pomocy. Dzięki waszemu przykładowi, małe dzieci, będziecie przedłużeniem rąk Boga, którego ludzkość szuka" (25 lutego 1997 r.).

Jeśli pościmy z sercem, z miłością, wtedy nasz post jest miłosierny. Prawdziwy post jest jednym z najpiękniejszych czynów miłosierdzia, ponieważ tu na ziemi nie wiemy, komu nim pomagamy. Czy ofiarowuję mój post w intencji pojednania rodzin, tak by Szatan ich dłużej nie rozdzielał? Być może wiele par, które myślą o rozwodzie w Australii, Singapurze, Kanadzie lub południowej Afryce, pojedna się dzięki mojemu postowi? Dopiero w Niebie dowiemy się prawdy. Może w Nowym Jorku lub San Francisco młodzi kuszeni do grzechu homoseksualizmu, narkomanii, kradzieży lub innej perwersji nie popełnią samobójstwa, nawrócą się dzięki mojemu postowi, podjętemu z miłością do nich? Nawet jeśli mój sąsiad będzie przygotowywać grilla, a kuszący zapach dotrze do mojego domu, pozostanę niewzruszony w moim zobowiązaniu do postu o chlebie i wodzie. Jeśli będę pościć za chorych, to może niektórzy z nich zamiast umrzeć w katuszach, zwrócą się do Boga i otworzą na Jego miłosierdzie?

Nie znamy owocu naszego postu tu na ziemi. Owoce jałmużny są bardziej namacalne: jeśli przyniosę starszej pani ciasteczka domowej roboty, to moim pocieszeniem będzie jej radość. Kiedy odwiedzam chorych i pełnię inne dobre uczynki, czuję dużą satysfakcję. Post, który ofiarujemy naszemu Panu, idzie do skarbca Matki Bożej; Ona używa go według swojej woli, podczas gdy dla nas pozostaje to tajemnicą.

Może kiedy dostaniemy się do Nieba, tysiące ludzi powie nam: „Któregoś dnia, chociaż zapach grilla i gotowanych ziemniaków był kuszący, pozostałeś wierny decyzji o poście i ofiarowałeś go za niewierzących. Nie wiedziałeś o tym, ale tego dnia, kiedy chodziłem ulicami San Francisco, dotknął mnie Duch Święty. Zobaczyłem ikonę Chrystusa w sklepie i zdałem sobie sprawę, że to mój Zbawiciel; odnalazłem wiarę, zostałem zbawiony, a teraz jestem w Niebie". Potem kolejna osoba powie nam coś podobnego, a potem trzecia i czwarta…

Może nasz post sprawi, że nawróci się lekarz, który niedawno ukończył studia i chce wzbogacić się poprzez wykonywanie aborcji? Nasz post może pozwolić Duchowi Świętemu odkryć przed kimś takim wartość i piękno każdego ludzkiego życia. Możliwe, że Matka Boża przyjmie go w swoim macierzyństwie do swojego łona tak, że zaakceptuje, przyjmie i pobłogosławi życie, odrzucając aborcję i dzięki takiemu nawróceniu tysiące dzieci nie zostanie zabitych w łonach ich matek. To wszystko może się stać dzięki oparciu się kuszącemu zapachowi grillowanego mięsa i wytrwaniu w poście i modlitwie za niewierzących.

Post o chlebie i wodzie jest wielkim czynem miłosierdzia, a przynosi jeszcze więcej zasługi, kiedy praktykujemy go po kryjomu. Najświętsza Maryja Panna mówi: „Czyńcie wszystko, co możliwe, aby upewnić się, że nikt nie wie o tym, że pościcie". Oczywiście, jeżeli żyjemy we wspólnocie lub rodzinie, nie jesteśmy w stanie pościć po kryjomu, ale jeśli pracujemy w biurze, podczas przerwy obiadowej nie musimy mówić innym, że zamiast iść do restauracji, jemy kawałek chleba na osobności. Jeśli to możliwe, powinniśmy pościć po kryjomu. Matka Boża zawsze przynagla nas do pokornego postu. 10 lutego 1984 r. Maryja powiedziała do grupy modlitewnej: „Módlcie się i pośćcie! Pragnę od was pokory. Ale możecie stać się pokorni jedynie poprzez modlitwę i post".

Post o chlebie i wodzie jest prawdziwie czynem miłości! Dziękujmy naszemu Panu za dar postu. Niektórzy tak go polubili, że mówią: „Droga Matko, tylko dwa dni w tygodniu? Mogłabyś prosić o więcej!".

WIDZISZ, ŻE POTRAFISZ?

Matka Przenajświętsza wzywa nas wszystkich do postu. Ale może teraz, kiedy nadchodzi twoja kolej, słyszysz subtelny, wewnętrzny głos: „Nie jesteś w stanie, nawet nie próbuj!". Jak uważasz, czy matka prosiłaby swoje dzieci o coś, co jest niemożliwe, tak jakby nie znała ograniczeń swoich dzieci? Maryja jest prawdziwą matką, prowadzi swoje dzieci do tego, by wykorzystały cały swój potencjał.

Powoli, krok za krokiem uczy nas najpierw chodzić, potem rozmawiać. Nie chce, byśmy zatrzymali się na pierwszych krokach, pierwszych słowach. Nie! Pragnie, byśmy przyjęli od Boga wszystkie dary.

Pośród pielgrzymów, którzy przychodzą spotkać się ze mną, są tacy, którzy mówią mi: „Droga siostro Emmanuel, starałem się, ale... potem przestałem". Tym zawsze odpowiadam: „Zacznij jeszcze raz". Rozpocznij tę podróż z pokorą na nowo. To droga do świętości; nie polega na tym, aby nigdy nie upaść, ale na tym, by za każdym razem pokornie zaczynać od nowa. Często jest to trudne na początku, ale z czasem post stanie się stylem życia głębszej relacji z Panem.

Picie herbaty lub zupy zamiast zimnej wody może pomóc. Do chleba możemy dodawać oliwki, orzechy, ziarna i owoce. Inną wielką pomocą jest przygotowanie postnego jedzenia poprzedniego dnia. Poranna kawa twojego sąsiada może naruszyć twoją wolę, by pościć i możesz nawet odczuwać smutek z tego powodu, że nie jesz śniadania. We wtorek i w czwartek w nocy, zanim zamkniemy oczy, poprośmy Matkę Bożą, aby nam pomogła; nie bądźmy przygnębieni postem, zamiast tego myślmy o owocach i mocy, jaką składamy w ręce naszej Matki. Ona jest i słucha nas. Jeśli widzi, że prosimy żarliwie i ze szczerym sercem, nie zawaha się, by zaskoczyć nas następnego dnia. Królowa hojnie rozda swoje dary.

WYWIAD Z MILONĄ (ASYSTENTKĄ OJCA SLAVKO)

S. EMMANUEL: Milona, jesteś w Medjugorie od wielu lat, dokładnie od 1984 roku, i wiesz, że przesłanie o poście często jest na ustach Matki Bożej. Pracowałaś u boku ojca Slavko, który, delikatnie rzecz ujmując, był mistrzem postu. Co możesz nam powiedzieć o doświadczeniu postu?

MILONA: Ojciec Slavko zwykł mawiać, że Matka Boża nie mówi o teoriach. Bierze swoje dzieci za ręce i prowadzi je. Nie przedłuża swojej mowy tysiącem wywodów, po prostu zaczyna. Ojciec Slavko mówi, że my mamy robić to samo, musimy po prostu zacząć. Jeśli Ona mówi, żeby pościć, to róbmy tak; jeśli mówi „z sercem", starajmy się z sercem; jeśli mówi „o chlebie i wodzie", to podejmijmy ten wysiłek. Potem każdy adaptuje post zgodnie z własnymi możliwościami, ale najważniejsze jest to, by czynić wszystko z sercem. Ojciec Slavko mawiał, że Ona jest pamięcią Kościoła i wie wszystko, od samego początku. Powiedział też, że jako pobożna Żydówka pościła w poniedziałki i czwartki, a potem zmieniła dni postu na środy i piątki. Matka Boża żyła na świecie, zanim przyszedł nasz Pan, to Ona go powitała, towarzyszyła Mu i potem została chrześcijanką, to znaczy Jego uczennicą i po Jego Wniebowstąpieniu została na ziemi razem z apostołami, była z nimi także wtedy, kiedy pościli. Teraz, ponieważ jest pamięcią Kościoła, prosi nas, abyśmy na nowo podjęli post dwa dni w tygodniu.

Pamiętam, że podczas podróży z ojcem Slavko do Irlandii słuchaliśmy języka gaelickiego (staroirlandzkiego) i słowo „środa" znaczy w nim „mały post", „czwartek" to „dzień między postami", a „piątek" to „dzień dużego postu". To tłumaczenie słów oznaczających te trzy dni w języku irlandzkim. Nie możesz wyobrazić sobie radości ojca Slavko: „Widzisz? Maryja jest pamięcią Kościoła". To był rok Maryi, kiedy Ojciec Święty Jan Paweł II napisał encyklikę „Redemptoris Mater". To w tamtym roku odkryliśmy te wszystkie rzeczy. Jednym z tytułów rzeczywiście nadanych Matce Bożej jest „Pamięć Kościoła".

Ojciec Slavko bardzo lubił powtarzać, że apostołowie pościli przed każdą decyzją, każdym wyborem, jakiego mieli dokonać. Post należy do tradycji Kościoła od samego początku jego istnienia. Ojciec Slavko zrobił pewne badania i odkrył, że post zawsze był częścią życia Kościoła. Mówił, że został zapomniany i dzisiaj mamy jedynie dwa dni małego postu: Wielki Piątek i Środę Popielcową. Śmiał się, mówiąc, że mamy wspaniały sposób na post: jedzenie ryb. Pochodzę z Bawarii, gdzie w Środę Popielcową je się najlepsze ryby, jakie są na świecie. To niewiarygodne, kończymy tańce w ostatki i o północy wszyscy są już gotowi, by zasiąść do ryby. Ojciec Slavko mawiał, że post i modlitwa są jak dwa płuca albo dwie stopy duchowego życia: to osobiste odkrycie dla każdego.

Ja zaczęłam pościć w 1984 roku. Post o chlebie i wodzie oznaczał dla mnie ból głowy i zły nastrój, i to samo działo się z ojcem Slavko. Uśmiechał się, mówiąc: „Cóż, gdyby zły humor towarzyszył jedynie tym, co poszczą, wtedy nie widzielibyśmy zbyt wielu ludzi w złym humorze!".

Mawiał też: „Post odkrywa to, co jest w nas; czasami odkrywa chorobę i to pozwala nam pójść do lekarza i dowiedzieć się, na co chorujemy. Odkrywa te sprawy, których nigdy byśmy sobie nie uświadomili, ponieważ nauczyliśmy się pocieszać i tłumić nasze zaburzenia jedzeniem, czekoladą...". On sam był świadomy tych mechanizmów i mawiał nam, że kiedy on zaczął pościć, jego pierwszą myślą w czwartkową noc było: „Jutro nie ma śniadania... jutro nie ma śniadania!". To było naprawdę przygnębiające. Wtedy przychodził piątkowy ranek: „Nie ma śniadania... nie ma śniadania, nie ma obiadu, nie ma kolacji, co za okropny dzień". Potem po trochu zaczął zauważać, że kiedy przychodził pełen radości na sobotnie śniadanie... nie był głodny. Co za iluzja! Całe pragnienie jedzenia, które miał w piątek, znikało w sobotę rano.

A będąc inteligentną i wykształconą osobą, zdawał sobie sprawę, że wynikało to z psychologicznego i fizycznego uzależnienia umysłu. Nawyki przyczepiają się do nas, a my myślimy, że bez nich umrzemy. Krok po kroku ojciec Slavko odkrył to w swoim życiu, tak jak my czynimy to w naszym.

S.E.: Opowiedz nam więcej o tym odkryciu.

MILONA: To bardzo proste, a poprzez przełożenie na praktykę staje się jasne. Praktykując post, zrozumiemy, co to znaczy. Możemy bez końca mówić o poście, ale każdy będzie go przeżywał na inny sposób, tak samo jak modlitwę. Vicka dała mi kilka kluczowych wskazówek na temat postu. Ona mówi: „Im więcej kochasz, tym jest to łatwiejsze, wszystko zależy od otwartości serca".

Pamiętam, że któregoś razu kiedy pościłam, podejście do Eucharystii okazało się dla mnie przeżyciem o wiele bardziej radosnym i intensywnym niż zazwyczaj. Zapytałam Ojca Slavko, czy to może wynikać z głodu, ale on szybko odpowiedział, że nie. Mój żołądek był już pełen chleba. Eucharystia stała się dla mnie żywa, dzięki praktyce postu byłam głodna Chleba Życia.

Często głód jest bardziej psychologiczny niż fizyczny. Post to nie dieta, jak niektórzy ludzie o nim mówią, post jest na kompletnie innym poziomie. Rozmawialiśmy z lekarzem z Francji Miriam Lejeune, która pomogła ojcu Slavko przygotować tygodniowe rekolekcje, które rozpoczęły się, kiedy wybuchła wojna na Bałkanach. Dała nam kilka wskazówek, na przykład: „Pijcie chleb i żujcie wodę", co oznacza, by ich nie pochłaniać, ale dać sobie czas, przeżuwając wolno. Nie musisz zjeść kilograma chleba; powinieneś jeść wolno, świadomie, o ile to możliwe w ciszy, w ten sposób pokój zapanuje wokół ciebie.

Miriam Lejeune stworzyła program rekolekcji: od poniedziałku wieczór do soboty rano, co oznacza cztery dni postu, wtorek, środę, czwartek i piątek. Na powitanie podano zupę, w piątek wieczorem ponownie, a w sobotę rano dobre, zdrowe, smaczne śniadanie. To była idealna sytuacja, ponieważ wszyscy pościli i każdy był tam z tego samego powodu. Mieliśmy niebywały „kryzys" śmiechu, szczególnie z siostrami, ponieważ słyszeliśmy swoje przeżuwanie. Nagle ktoś zaczynał chichotać, a potem wszyscy wybuchali śmiechem i nie mogliśmy się powstrzymać. Niektórzy pili herbatę z cukrem, słodząc może pół łyżeczki jedynie po to, by dać odetchnąć umysłowi.

To tradycja tutaj w Bośni, by pić mocną, pyszną kawę; przerwy kawowe to bardzo ważna część dnia. Niektóre siostry bardzo martwiły się, że będą mieć migreny, jeśli nie będą pić kawy, rzeczywiście tak często się dzieje, ja zawsze je miałam. Wtedy powiedziałam: „Spróbujmy przez jeden dzień, postarajmy się nie brać nawet jednej naszej pigułki przeciwbólowej". Teraz jedna siostra jest całkowicie uzdrowiona z migren, nigdy już ich nie miewa. Nie wiem, czy ona teraz pija kawę, ale jest całkowicie uzdrowiona z migren, a co ważniejsze, nawet z lęku przed nimi.

W czasie rekolekcji obserwowaliśmy, jak malały, a nawet całkowicie znikały napięcia i konkretne bóle u niektórych osób. To wynika z rozluźnienia, ciało uwalnia się w tych chwilach od stresu.

W każdym razie w poście nie chodzi o „sukces", osiągnięcie „celu". Ojciec Slavko mawiał, że możesz nawet pościć i za każdym razem całkowicie minąć się z celem, ponieważ sercem postu jest uwolnienie się od grzechu, od egoizmu. Prawdziwym celem jest owoc postu, którym jest post od grzechu, egoizmu, przywiązania do samego siebie i od ciągłego stawiania siebie na pierwszym miejscu.

Czasami mamy pragnienie postu, czasami jest ono mniej intensywne, czasami bardziej, innym razem musimy podjąć decyzję opartą jedynie na posłuszeństwie. Czasami otrzymujemy wielkie łaski: nie mamy chęci pościć, ale modlimy się o to i post staje się radością. Ale są także chwile, kiedy nie możemy nawet patrzeć na chleb!

Ojciec Slavko często mówił: „Jak wielu ludzi chciałoby jeść tak, jak my pościmy". I wielu zgadzało się: „Tak, post sprawia, że jesteśmy świadomi, czym jest chleb", ponieważ kiedy nie masz więcej chleba, umierasz, a kiedy masz chleb, nie umierasz. Oczywiście ważne jest, by dbać o zdrowie. Na przykład kiedy zaczynaliśmy rekolekcje z postem, profesor Lejeune powiedziała, że dobry chleb zawiera witaminę B, która jest bardzo zdrowa. Zaprosiła nas więc do tego, by jeść chleb upieczony według dobrego przepisu. Lepiej jest jeść chleb, który nas odżywia w wystarczający sposób, niż coś, co jest jedynie białe i miękkie, ale sprawia, że czujemy się chorzy i cierpimy.

Możemy pościć mądrze, ponieważ nie jest to wtedy fałszywa ofiara. To błąd myśleć, że muszę się karać lub biczować, to całkowicie nie to. Tu chodzi o dar miłości, otwarcie na miłość, o bycie mniej egoistycznym. Powiedziałabym, że to jest esencją postu, sensem ofiary, którą składamy. Czasami to naprawdę trudne, by jasno to zrozumieć, że skrywamy fanatyzm i samosąd, ale jeśli pościmy z pokorą, wtedy zrozumienie przychodzi. To ważny owoc, ponieważ rozumiemy, co jest dla nas dobre. Pomaga nam rozeznać i wtedy wszyscy podejmujemy swoje własne wybory.

S.E.: Podoba mi się, kiedy mówisz, że musimy podjąć bardzo stanowczą decyzję. Rzeczywiście ta decyzja jest bardzo ważna, ponieważ jeśli podejmiesz decyzję w nocy, przed dniem postu, to jest on łatwiejszy niż wtedy, kiedy po przebudzeniu pytasz się siebie: „Czy dzisiaj powinnam pościć?". Kiedy zaczynasz czuć zapach kawy i ciasta twojego sąsiada, smutniejesz, ponieważ musisz pościć. Zatem silna decyzja jest naprawdę ważna. Matka Boża to bardzo zdecydowana kobieta, podejmująca decyzje z miłości.

MILONA: Wiesz, zapytałam jedną z widzących, jakie widzi główne różnice, kiedy patrzy na Matkę Bożą i kiedy patrzy na nas, i ona odpowiedziała: „Ona nigdy nie powiedziała Panu «nie»". Widząca dodała, że my wszyscy mówimy w pewnym momencie: „OK, wystarczy, to za wiele dla mnie". Ona nie, nigdy nie powiedziała „nie". To z tego płynie jej władza. „Tak", które powiedziała, ma źródło w całkowitej pokorze, posłuszeństwie i wolności od samej siebie. To jest część zachowania przypisywana praktyce postu, ponieważ post jest rzeczywiście wewnętrzną dyspozycją, a nie jedynie czymś, co wykonujemy.

Matka Boża mówi, że możemy zmienić prawa natury poprzez post i modlitwę. Post i modlitwa są dlatego bardzo konkretnymi działaniami, które faktycznie zmieniają rzeczywistość. Stajemy na szczycie stworzenia w ten sposób, kiedy robimy coś, co przenosi nas bliżej do Stworzyciela.

On jest z nami, stwarza nas na nowo i może zmieniać rzeczywistość poprzez nasze „tak". Matka Boża była w centrum władzy nawet jako dziecko; jej „tak" uratowało całą ludzkość i sprawiło, że przyjście Pana na ten świat stało się możliwe poprzez Jego stworzenie. Jeśli pójdziemy Jej drogą i staniemy się Jej „tak", a Ona oczekuje naszego radosnego „tak" każdej chwili w ciągu dnia, wtedy zobaczymy, jak w przyszłości będą dziać się wielkie rzeczy w naszym życiu i w życiu ludzi wokół nas. Chcemy, aby świat się zmienił, pragniemy, by odnowił się tak, jak Ona o tym mówi, dlatego potrzebujemy być jak Mojżesz. Ojciec Svetozar powiedział kiedyś, że musimy zostawiać za sobą wiele kwiatów na ścieżce naszego życia, sadząc je i siejąc tak, aby ci, którzy przyjdą po nas, mogli je zebrać. To piękny obraz, my naprawdę pragniemy być ludźmi, którzy idą ścieżką Maryi tak, aby również inni, szczególnie nasze dzieci i przyszłe pokolenia, mogli odkryć, jak jest to piękne, że warto iść za Nią. Kiedy umieramy, potrzebujemy zostawić coś za sobą. To dzieje się już dzisiaj.

S.E.: Jestem poruszona konkretem Jej słów, kiedy łączymy treść wszystkich orędzi o poście, jest w nich niewielka treść. Matka Boża mówi, że najlepiej jest pościć o chlebie i wodzie w środy i piątki. Ludzie pytają, o której godzinie powinniśmy zacząć? Czy możemy smarować chleb masłem? Czy chleb powinien być podpieczony, czy nie? Czy woda powinna być ciepła, czy zimna? Czy możemy pić herbatę? Maryja nie tłumaczy nam takich szczegółów.

MILONA: Oczywiście możemy pościć tak, jak mówi, o chlebie i wodzie. Jeśli ktoś smaruje chleb masłem, zrozumie jak nigdy wcześniej, jak wspaniałe jest masło, bo wcześniej zawsze przykrywał je dżem. Można naprawdę odkryć rzeczy w nowy sposób. A jak ważna jest woda; mamy dzisiaj wszystkie te owocowe soki, a nagle z zachwytem myślisz i dziękujesz Bogu za wodę! Zaczynasz rozumieć, jak cudowna jest woda.

Kiedy pojechałam na Haiti po trzęsieniu ziemi, woda musiała być destylowana i dezynfekowana. Byliśmy w slumsach, gdzie nie było wody. Codziennie przyjeżdżała duża cysterna z wodą, ale my nie mogliśmy z niej korzystać, ponieważ była przeznaczona wyłącznie dla mieszkańców slumsów, dawali nam więc ciepłą coca-colę. Nie cierpię coli, a tym bardziej ciepłej, ale musieliśmy coś pić, żeby uniknąć odwodnienia. Mieliśmy okazję zrozumieć, jak ważna jest woda, że bez wody można umrzeć. Mieszkaliśmy nad morzem, ale nie mogliśmy pić morskiej wody, ponieważ jest słona. Świeża, słodka woda to taka łaska... woda żywa. Wszystko jest połączone, wiesz? Chleb żywy, woda żywa. Można by o tym mówić bez końca, kiedy zaczyna się o tym myśleć, okazuje się, że jest wiele do odkrycia.

Post jest prosty, ale to cały wszechświat do odkrycia, który pozwala nam lepiej zrozumieć Biblię i Pana, który chciał być dla nas chlebem. Powiedział: „Jeśli ktoś jest spragniony, a wierzy we Mnie, niech przyjdzie do Mnie i pije!" (J 7, 37). Mówił o chlebie, jedzeniu i piciu od samego początku.

S.E.: Tak, wytłumacz nam lepiej to pragnienie Jezusa, by z nami zostać!

MILONA: Oczywiście, Jezus ożywia mnie przez Eucharystię, która jest moim jedynym źródłem siły. Eucharystia za każdym razem daje mi coś więcej, pozwala mi żyć Jego zmartwychwstaniem i być z Nim zawsze. To jest coś cudownego i bardzo regenerującego, Jego zmartwychwstanie to najbardziej niezwykła rzecz, która wydarzyła się między Niebem a ziemią. To była siła bez precedensu! Zawsze odkrywam to na nowo, fakt, że Jezus umarł i powstał z martwych.

Post mi w tym pomaga, ponieważ jest czymś, co wykracza poza uczucia, poza zmysły, to rodzaj ogołocenia. Chleb i woda są bardzo proste, nie mają niezwykłych smaków. Nie niosą pocieszenia, ale dzięki temu to sam Bóg staje się pocieszeniem. Nie chodzi tu o moc, ta moc należy do Niego, to niewyobrażalna moc, ale nie taka, jak postrzega ją świat; jest bardzo delikatna: to moc przebaczenia, umiejętności cierpienia i kochania.

S.E.: Kiedy Jezus uczynił swój pierwszy cud, przemienił wodę w wino, wino najlepszej jakości. To nie przypadek, mógł posłużyć się czymś innym.

Wywiad z Miloną (asystentką ojca Slavko)

MILONA: To, co mnie uderza, to to, że uczynił prawdziwie wyborne wino, nie jakieś tanie. To oznacza, że kiedykolwiek On przemienia, zawsze przemienia w coś wspaniałego, pięknego, najlepszej jakości.

S.E.: Pamięć o tym cudzie może nam intelektualnie pomóc, kiedy pijemy naszą wodę, to tak jakbyśmy przynosili ją do Jezusa. Możemy powtórzyć Mu: „Uczyń z tą wodą, którą Ci ofiaruję, cokolwiek pragniesz, ale proszę, nie zapomnij przemienić jej w dobre, wyborne wino dla tych, którzy go najbardziej potrzebują". Post jest czynem miłości, ponieważ pomaga naszym braciom i siostrom. To naprawdę mnie dotyka: poszcząc, możemy ratować dusze.

MILONA: Tak, wszystkie rodzaje chorób mogą się uwidocznić, zarówno duchowe, jak i fizyczne.

S.E.: Dokładnie tak! Jeśli masz guz, możesz żyć z nim wiele lat, nie wiedząc o tym, potem przez przypadek dowiadujesz się o tym z badania na tomografie. Co robisz? Czy zaczynasz się leczyć, czy ignorujesz ten fakt i wracasz do życia tak, jakby guza nie było? Oczywiście podejmujesz się każdej potrzebnej terapii. Tak samo jest z postem. To tomograf, który ujawnia choroby naszej duszy. Możesz to ignorować i pozwolić chorobie się rozwijać albo podjąć leczenie. Na przykład odmawiając przebaczenia za rany otrzymane w dzieciństwie, wykorzystanie seksualne, które do teraz utrzymywaliśmy w sekrecie, grzech, którego nigdy nie wyznaliśmy. Post, rzeczywiście, pomaga nam w głębokim rachunku sumienia. Ale co należy wtedy zrobić? Jak wrócić do zdrowia?

MILONA: Przede wszystkim musisz się modlić, iść na Mszę, do spowiedzi… Potem…

S.E.: A co z aspektem ludzkim, zranionymi uczuciami?

MILONA: To podróż, wszystko jest podróżą. Uczucia to jedna rzecz, potrzebna jest wola i decyzja o przebaczeniu. Nie zawsze się tak czuję, ale to ja decyduję, że chcę przebaczenia, to jest ważne. Uczucia zostaną uzdrowione. Pamiętam, że także ojciec Emilien Tardif, ten niezwykły kapłan z wielkim darem uzdrawiania, mówił o tym.

S.E.: Tak, toczy się jego proces beatyfikacyjny!

MILONA: Mówił, że uzdrowienie emocji potrzebuje czasu. Emocje są czymś innym niż wola, wola ma znaczenie, uczucia są czymś naturalnym. Twoja siła opiera się o wolną wolę, podczas gdy uczucia przychodzą i odchodzą. Bardzo często nie przebaczamy sobie naszych uczuć. Myślimy, że powinniśmy „czuć" inaczej, ale nie jesteśmy w stanie.

Akceptując swoje niedoskonałości, możemy akceptować innych z ich niedoskonałościami. Wybaczenie to nie magia, wymaga czasu. Wtedy dojdzie do uzdrowienia. Uczucia pojawią się znowu i pomyślisz: „O nie, myślałem, że mam to już za sobą". Natrętne myśli mogą wrócić, ale zaczynasz jeszcze raz i jeszcze raz… krok po kroku.

S.E.: Jest w tym coś dobrego: zamiast dawać Bogu jeden dar dziennie, możemy Mu dawać ich sto!

MILONA: Pamiętam, że brat Arcadius, pielgrzymujący kapłan, mawiał: „Matka Boża nie chce pięknego bukietu kwiatów każdego dnia, Ona chce twoje małe, uschnięte kwiatki, twoje codzienne potknięcia, to wszystko, czego Ona potrzebuje". To wszystko, co mamy dać, to bardzo proste. Święta Teresa z Lisieux mówiła: „Jezu, bądź moją cnotą".

S.E.: To sposób na wzrastanie w pokorze, ponieważ kiedy widzisz, że twoje życie to chaos pełen niewłaściwych spraw, a tobie brakuje cnót, mówisz: „Nie mogę zrobić nic bez Ciebie". W końcu zaczynasz się radować, że jesteś tak nisko, niedosłownie, ale znasz swoje możliwości, jesteś świadomy tego, jak Go potrzebujesz. Z drugiej strony, jeśli czujesz swoją wielkość, nie potrzebujesz Go i jesteś na złej ścieżce.

MILONA: Tak, zależymy od Niego każdego dnia, od Jego Zmartwychwstania!

ŚWIADECTWA

GDYBYM WIEDZIAŁ!

W mojej Wspólnocie Błogosławieństw w Medjugorie wszyscy możemy zaświadczyć, że nasz brat Jean-Michel miał z postem problem, który, powiedziałabym, że, wypływał z instynktu. Ale oto historia Jeana-Michela w jego własnych słowach:

„Są dwa dni w roku, które mnie przerażają: Środa Popielcowa i Wielki Piątek, ponieważ Kościół prosi w te dni o post ścisły. Mam mnóstwo problemów z podjęciem postu. We Wspólnocie jestem w tej mniejszości, która w dni postne je całe posiłki. Ostatnio zapisałem się jednak na pięciodniowe rekolekcje «Post i modlitwa» organizowane przez franciszkanów w Medjugorie. Wiedziałem, że jest mi to potrzebne z kilku powodów, ale skrycie miałem nadzieję, że powiedzą mi: «Przykro nam, nie ma już miejsc». Niestety okazało się jednak, że pokój dla mnie się znalazł.

W miarę jak zbliżała się data rozpoczęcia rekolekcji, stawałem się coraz bardziej niespokojny, a kiedy przyszedł wreszcie dzień rozpoczęcia, byłem po prostu przerażony. Samo to powinno było wystarczyć, by ktoś powiedział mi, bym został w domu. Bardzo chętnie poddałbym się takiej woli przełożonego, nikt jednak tego ode mnie nie zażądał. Byłem tak spanikowany, że za radą jednego z pielgrzymów poszedłem na grób ojca Slavko i tam błagałem go o ratunek: «To ty rozpocząłeś te rekolekcje, zrób coś!».

Pierwszego dnia rekolekcji postanowiłem pozwolić odejść moim lękom i przyjąć łaskę chwili obecnej. Chciałem przeżywać każdą sekundę, każde zaplanowane wydarzenie bez żadnego zahamowania. Gdybym koncentrował się na tym, że post będzie trwał pięć dni, od razu padłbym trupem. Jednak taka myśl nie przyszła mi nawet do głowy. To była łaska nad łaskami! Poszedłem na wzgórze objawień i tam napisałem list do Matki Bożej. Wyjaśniłem Jej wszystkie moje zmartwienia i kłopoty. Oddałem Jej je wszystkie, prosząc, abym nie wracał do nich myślami w trakcie rekolekcji. Powiedziałem Maryi, że ofiaruję ten tydzień modlitwy i postu w Jej intencjach i w zamian poprosiłem, by zajęła się moimi problemami. Ku mojemu zaskoczeniu rekolekcje poszły mi nadzwyczaj dobrze, bez żadnych trudności. Kiedy się skończyły, byłem nawet w stanie wejść głębiej w tajemnice różańcowe w czasie dodatkowym, który przewidziany był na dodatkową medytację. Odkryłem również, że głębiej przeżywałem Mszę świętą. Wchodziłem w każdą Eucharystię tak, jak uczył nas franciszkanin prowadzący rekolekcje, jakbym przyglądał się różnym komnatom w pięknym zamku.

Jestem wdzięczny również za inny niespodziewany prezent, który otrzymałem w czasie rekolekcji z postem. Chorowałem na wodniaka, dziedziczną chorobę, która polega na gromadzeniu się wody w narządach płciowych, co wywołuje potrzebę częstego oddawania moczu. Moja niepełnosprawność była dla mnie znaczną niedogodnością. Przed wyruszeniem na dłuższą wyprawę lub wzięciem udziału w zajęciu pochłaniającym więcej czasu musiałem zwracać uwagę, by za dużo nie pić. Na początku rekolekcji poradzono nam, by w czasie każdego posiłku żuć chleb do momentu aż stanie się płynny i wypijać trzy duże filiżanki ziołowej herbaty. Ponieważ bardzo uważnie stosowałem się do zaleceń, aby uniknąć bólów głowy, nudności i innych problemów, nie zwróciłem uwagi, że picie tak dużej ilości płynu wiąże się dla mnie z przykrymi konsekwencjami. Pierwszego dnia wypiłem całe sześć dużych filiżanek herbaty ziołowej i nic się nie stało. Wtedy nie zwróciłem na to uwagi, ale następnego dnia zdałem sobie sprawę, że byłem w toalecie jedynie dwa razy. Zaintrygowany w następne dni piłem dokładnie tyle samo i tak samo, i nadal wszystko było w porządku. Stanąłem więc wobec faktu, że mój problem z wodniakiem zniknął. Kiedy rekolekcje skończyły się, szybko wypiłem kieliszek wina i filiżankę kawy. Zazwyczaj efekt był dramatyczny, ale tym razem wszystko było nadzwyczaj normalne. Od pierwszego dnia rekolekcji jestem zdrowy i dziękuję Panu za to całkiem niespodziewane uzdrowienie. Wtedy powiedziałem sobie: „Gdybym tylko wiedział, już dawno wziąłbym udział w rekolekcjach z postem!".

BÓG POKONUJE BUNTOWNIKA

Matthew, mój bardzo drogi przyjaciel, pielgrzymuje do Medjugorie od 1996 roku. Tego roku otrzymał szczególną łaskę na wzgórzu Križevac i doświadczył głębokiego nawrócenia. Ku olbrzymiej radości jego żony, która długo modliła się o jego nawrócenie, radykalnie zmienił swoje życie. Całym sercem przyjął podstawowe orędzia Królowej Pokoju i rozpoczął swoją edukację, robiąc wszystko, co w jego mocy, by żyć zgodnie z poznanymi pięcioma kamieniami i wzrastać w wierze. Wytrwanie w postanowieniu wypełniania wszystkich tych zobowiązań było dla niego czymś, czego nie mógł zagwarantować po jedynie pięciu dniach pobytu w Medjugorie. Dochodził do tego pomału.

Dwa lata później nie miał już żadnej trudności z comiesięczną spowiedzią, Eucharystią, codzienną lekturą Pisma Świętego i modlitwą różańcową.

Jednakże post, największe ze wszystkich wyzwanie, był... niemożliwy! Nie mógł nic na to poradzić. Każda próba, jaką podejmował, okazywała się daremna, ponieważ jego słabością było wykwintne jedzenie. Był koneserem najlepszych francuskich win i cieszył się świetnym zdrowiem. Czas codziennego posiłku pozostał dla Matthew świętą i niemożliwą do porzucenia koniecznością. Co gorsze, on i jego żona byli wytrawnymi kucharzami, a ich gościnność często oznaczała obfitość stołu dla ich gości. Kiedy Matthew przyjechał do Medjugorie, żartował z przyjaciółmi: „Kiedy idziesz do domu siostry Emmanuel, unikaj odwiedzin w środy i piątki, jeśli chcesz dobrze zjeść!".

Któregoś dnia Matthew zapytał mnie o radę, jak mógłby wreszcie podjąć post z powodzeniem. Może spodziewał się, że przekażę mu jakąś magiczną formułę? Raczej nie, bo nie miał tak naprawdę nadziei, że uda mu się pokonać ten problem. Wyznał mi, że za każdym razem, kiedy robił krok do przodu w swoich próbach postu, musiał potem wykonać dwa kroki w tył, kiedy okazywało się, że nie dawał sobie rady. Wszystkie ostrzeżenia Gospy w jej orędziach o konieczności postu stały się dla niego wyrzutami, powodem cierpienia, a nawet poczucia winy. W rozmowie wymienił mi liczne, okropne symptomy, które pojawiały się, kiedy zaczynał pościć.

„Próbowałem się zmusić – mówił – ale bez skutku. Zmuszałem się, żeby jeść chleb, ale potem miałem zły dzień. Byłem w złym humorze i o drugiej w nocy, nie mogąc spać, szedłem do kuchni, żeby przyrządzić sobie omlet lub coś podobnego, żeby móc znowu zasnąć. Wreszcie się poddałem. Ponieważ jestem na emeryturze i mieszkam w mieście pielgrzymkowym, razem z żoną organizujemy nasz dzień, stawiając Jezusa na pierwszym miejscu. Nie mam już żadnych zawodowych ani rodzinnych obowiązków, moje dzieci założyły już własne rodziny. Każdego dnia uczestniczę w porannej Mszy świętej, odmawiam różaniec lub idę na adorację wczesnym popołudniem. Nadal jednak mam problem z postem w środy i piątki. Chciałbym, żeby chleb był dla mnie jedynym pożywieniem dwa razy w tygodniu, tak jak dla innych apostołów Gospy!".

„Powinieneś spróbować chleba z orkiszu – powiedziałam. – Mąka orkiszowa jest bardzo bogata i zawiera wszystko, czego potrzebujesz. Taki chleb naprawdę cię nasyci. Możesz go wypiekać także w maszynce do chleba. Nie zapomnij oddać swojego zmagania Jezusowi, od rana do nocy; zobaczysz, On ci pomoże!".

Matthew przyjął wyzwanie. „Poszedłem za twoją radą", napisał do mnie później. „Któregoś dnia, po tym jak zdecydowałem się na zakup maszyny i orkiszu, poszedłem do mojej lokalnej piekarni, żeby zasięgnąć informacji, i zobaczyłem kilka bochenków chleba orkiszowego na wystawie. To był wtorek, kupiłem więc odpowiednią ilość chleba na następny dzień, jednak bez przekonania, że to zadziała. W środę rano ograniczyłem się tylko do mojego orkiszowego chleba z mocnym postanowieniem, że będę jeść tylko chleb do następnego rana. Na porannej Mszy powierzyłem mój post Jezusowi, by mi pomógł. Wydarzył się cud! Sam chleb mi wystarczył.

Zaspakajałem mój głód przez cały dzień samym chlebem: to cud! Byłem zadziwiony, że mija poranek, południe i wieczór, a ja jadłem tylko chleb orkiszowy z miodem, popijając wodą.

Post nie był próbą. Przeciwnie, był zaskoczeniem, ponieważ nie cierpiałem jak zwykle na ból żołądka. Bardzo dobrze spałem, tak jakbym zjadł normalną kolację i obudziłem się o siódmej rano bez poczucia ciężkości w żołądku. Co więcej, cały czwartek był pełen radości. Z całym zaangażowaniem podjąłem post w środy i piątki w intencjach Matki Bożej. I pomyśleć, że zabrało mi to 17 lat, żeby znaleźć tę receptę! Może był to także podarunek od świętej Teresy, ponieważ musiałem zamieszkać w Lisieux, żeby znaleźć piekarnię, która wypieka ten chleb. Post nie jest już dłużej służbą, ale źródłem radości, którą dzieli ze mną moja żona".

Matthew nie bał się wskoczyć do wody. Wszyscy zbyt często chcemy zrozumieć orędzie Maryi lub werset z Biblii, zanim je zastosujemy. Cóż za błąd! Tracimy w ten sposób tak wiele łask! Jeśli Niebo prosi nas, aby coś zrobić, czego mamy się lękać? Z pewnością powinniśmy organizować nasze życie tak, by żyć w pokoju, szukając metod, które są najlepsze dla naszego zdrowia, rodzin itd. Jednak jedynie żyjąc orędziami, możemy odkryć nowe horyzonty, które są za nimi zakryte. Tajemnice nie odkryją się przed nami, dopóki nie zaczniemy działać z zaufaniem.

Post bez miłości jest jedynie dietą.

PATRICK, UWOLNIONY OD ALKOLHOU I HAZARDU

Lynda ze Szkocji podzieliła się mocnym wydarzeniem, które miało miejsce w jej rodzinie, a dotyczy dokładnie jej brata

Patricka, który był zniewolony nałogami alkoholizmu i hazardu.

„Mój brat był najmłodszy w rodzinie. Kiedy dorastał, był bardzo dobrym dzieckiem, posłusznym i cichym, i jednocześnie bardzo zabawnym. Kiedy skończył 18 lat, poszedł do szkoły średniej, w której chciał przygotować się do pójścia na medycynę i zostania lekarzem. Został członkiem wszystkich grup i klubów, i w najlepszych z nich imprezował! Naprawdę wszedł w to na całego. Dużo pił i zaczął grać.

Uzyskał dyplom lekarza i zaczął pracę, ale jego kariera nie rozwijała się. Moja rodzina i ja martwiliśmy się o niego, przejmował nas stopień jego zaangażowania w hazard. Poważnie się od niego uzależnił. Próbowaliśmy z nim rozmawiać, w szczególności ja, ponieważ jestem jego jedyną siostrą i jego matką chrzestną. Poświęcałam dużo czasu, odwiedzając go w jego mieszkaniu i pomagając mu zająć się rachunkami, ogarnąć finanse i co najważniejsze, pomóc mu wrócić na prostą, niestety nie przynosiło to zamierzonych efektów.

Mama bardzo się o niego martwiła, obydwie więc zdecydowałyśmy się, że pojedziemy do Medjugorie, w październiku 2012 roku. Kiedy szłyśmy do grobu ojca Slavko, moja mama powiedziała do mnie: «Zobacz, to siostra Emmanuel, podejdę do niej i poproszę ją o modlitwę za Patricka». Podeszła do siostry i poprosiła o modlitwę za brata. Siostra Emmanuel odpowiedziała pytaniem: «O co prosi Matka Boża?», a moja mama odparła: «O modlitwę i post». Siostra Emmanuel powiedziała jej, że aby wygrać tę wojnę, powinna wykonać swoją część, a nie tylko jej połowę, że powinna się modlić i pościć za swojego syna, a Bóg uczyni resztę. Matka Boża powiedziała: «Przez modlitwę i post możesz otrzymać wszystko!».

Kiedy moja mama powiedziała mi to, co powiedziała

siostra Emmanuel, moja reakcja była taka: «Dzięki Bogu, nie do mnie to powiedziała!». Kiedy jednak wróciłyśmy do domu, nie tylko modliłyśmy się za mojego brata, ale zaczęłyśmy też za niego pościć o chlebie i wodzie w środy i piątki. I naprawdę zobaczyłyśmy cud.

To było dwa lata temu, a mój brat całkowicie porzucił hazard. Jest całkowicie wolny od długów! Jego kariera mocno się rozwinęła, jest bardzo szanowanym lekarzem i został członkiem zespołu lekarskiego, dzięki czemu może dalej zawodowo się rozwijać. Teraz bardzo rzadko pije alkohol – czasami napije się drinka, ale to wszystko. Prowadzi bardzo dobre życie i ma wspaniałą dziewczynę.

Naprawdę doświadczyłyśmy cudu, kiedy zaczęłyśmy modlić się i pościć. Wszystkie wcześniejsze próby rozmowy z moim bratem były niczym bicie głową w mur. Post miał moc przełamania w nim czegoś, czego ja i moja rodzina nie byliśmy w stanie pokonać samą rozmową i modlitwą. Potrzebny był post. Mój brat dorastał w wierzącym i kochającym domu, ale mimo to, by mu pomóc potrzeba było więcej, pomogła dopiero moc modlitwy ORAZ postu".

Świadectwo Lyndy przemawia do wielu serc, ponieważ stopień uzależnień w dzisiejszym świecie drastycznie rośnie. Alkohol, różnego rodzaju narkotyki, niemoralne życie seksualne, hazard itd. niszczą wiele rodzin. Jeśli ktoś pozostaje nieprzekonany słowami Jezusa i orędziami Maryi na temat modlitwy i postu, niech spróbuje; nie ma nic do stracenia, a wygrać może wszystko!

LUKA, DZIEŃ POSŁUSZEŃSTWA

„Jako dziecko otrzymałem podstawowe, chrześcijańskie wychowanie, moja mama należała do Trzeciego Zakonu Świętego Franciszka. Mój ojciec był ateistą, całkowicie nieobecnym. Rozeszli się, kiedy miałem piętnaście lat, a teraz mam prawie czterdzieści!

Kiedy skończyłem osiemnaście lat, opuściłem swoją rodzinę, parafię i duszne dzieciństwo, i wyjechałem na południe Włoch, by w małej wiosce odnaleźć siebie, podjąć pracę i spróbować odnaleźć sens swojej egzystencji.

Przez długie osiemnaście lat żyłem daleko od sakramentów i wiary, w której zostałem wychowany. Rzuciłem się w pracę, rozrywki, przyjacielskie relacje i inne rzeczy, które nazywałem „miłością", a które miłością nie były. W tamtym czasie na moim życiu kładł się ponury cień, który sprawiał, że czułem się przygnębiony, niezrozumiany i nieszczęśliwy!

W miarę upływu czasu zacząłem zauważać coś w rodzaju mrocznej świadomości w moim sercu. Nie chciałem żyć, nie lubiłem swojego życia, nie mogłem siebie znieść, a ukrywająca się w moim sercu wojna zniszczyła mnie i pokonała...

Powoli wszystko to zaczęło się ujawniać w nienawiści do mojej rodziny, mojej pracy oraz ludzi, do których desperacko lgnąłem; tych, którzy notorycznie zdradzali moją miłość i pragnienie życia.

Tak, wierzę, że przez zbyt wiele lat żyłem z nieustanną niechęcią do życia...

Wszedłem w kontakt z wieloma dyscyplinami New Age, całe szczęście nigdy nie praktykując ich poprawnie. Były to uzdrawianie theta, rebirthing, channelling, soka gakkai, reiki i wiele innych praktyk, których podłożem są spirytyzm, okultyzm i magia. Nie we wszystko to wierzyłem, ale przez samą naukę o nich i pobieżne pogłębianie wiedzy trujące opary ciemnego zła dostały się do mojego serca, wmawiając mi, że Bóg, którego poznałem jako dziecko i nastolatek, jest mitem przekazanym mi przez zwodniczy i manipulujący Kościół. Mój przyjaciel, który bardzo głęboko siedział w pseudo buddyjskich filozofiach, powiedział mi, że Jezus nie umarł na krzyżu… Kiedy usłyszałem jego słowa do mojego umysłu, a potem do mojego serca wtargnął wielki smutek.

Nie byłem przykładem dobrego chrześcijanina, ale Jezus był dla mnie wzorem prawdziwej Miłości, kogoś, kto oddaje całego siebie za tych, których kocha.

Wszystkie moje przedsięwzięcia w krótkim czasie rozpadły się do tego stopnia, że znalazłem się w długach po uszy, z pogarszającym się zdrowiem, niezdolny w swojej sytuacji nic zmienić.

Pokusa samobójstwa stała się bardzo silną obsesją; pamiętam, że godzinami zastanawiałem się, jak umrzeć bez bólu… Nie byłem już dłużej osobą, ale wrakiem człowieka na dnie rozpaczy. Ale… Pamiętam, że jako dziecko słyszałem o objawieniach Maryi w Medjugorie, i przypomniałem sobie, że Matka Boża prosiła tam o odmawianie różańca oraz o post, po to by uzyskać pokój serca. Pokój serca? Czy był on możliwy także dla mnie?

Poszukałem trochę informacji w Internecie i na jednej z wielu stron znalazłem sugestię, by przeczytać książkę francuskiej zakonnicy, siostry Emmanuel Maillard, „Uwolnienie i uzdrowienie przez post". Od razu odnalazłem ją w katolickiej księgarni; doskonale pamiętam, że było to we wtorek. Przeczytałem książkę w kilka godzin z wielką ciekawością! Miałem wiele czasu na to, by zaplanować swoje samobójstwo, więc pomyślałem, że może w międzyczasie spróbować podjąć post o chlebie i wodzie przez jeden dzień.

Widziałem w tym wyzwanie, a moja ciekawość pchała mnie do tego, by przeżyć „dzień inaczej", chociaż nie opuszczały mnie uczucia udręki i smutku. Następnego dnia, w środę (Matka Boża prosi nas o post o chlebie i wodzie w środy i piątki), kupiłem ładny bochenek chleba i zdecydowałem, że będę go jadł, gdy poczuję się głodny, i że będę pić jedynie wodę!

Nie pamiętam żadnych szczegółów z tamtego dnia, przyszła jednak do mnie jakaś moc. Od rana do wieczora czułem całkowitą lekkość i wolność serca, moja samobójcza obsesja minęła, a wszystkie dręczące mnie myśli przeciwko życiu wydawały się absurdalne i głupie. Nie modliłem się ani nie miałem żadnych duchowych natchnień; powiedziałem tylko Maryi, że jeśli to nie zadziała, będę musiał nadal szukać sposobu, jak ze sobą skończyć. Wieczorem, przed zachodem słońca wyszedłem z domu... nigdy wcześniej nie widziałem tak pięknego i nowego nieba. Nie chciałem płakać, nie chciałem też pozbawić się złudzeń i rozczarować się... Zacząłem się do siebie śmiać, rozumiejąc, że samobójstwo było czymś tak głupim, że aż mnie to rozśmieszało. W ciągu jednego dnia moje życie przemieniło się całkowicie! Jedyne, co zrobiłem, to to, że byłem posłuszny Matce Bożej!

Post ma olbrzymią duchową siłę, jest jak pochodnia w ciemnościach mojego wnętrza. Tamten post pokazał mi wszystkie pułapki Szatana, które ustawił w moim umyśle i sercu. Zrozumiałem, że przez lata to nie ja myślałem, ale to zły duch prowadził moje myśli przeciwko życiu, miłości, radości, a przede wszystkim przeciwko Jezusowi, mojemu Mistrzowi i Panu!

Post i różaniec święty sprawiają, że Niepokalane Serce tryumfuje, najpierw w nas, a potem wokół nas!

Następnego dnia, w czwartek, poszedłem do kościoła i stanąłem w kolejce do konfesjonału, i kiedy przyszła moja kolej, zostałem przytulony przez Ojca Miłosierdzia! Płakałem z radości... to była zarówno piękna, jak i bardzo trudna droga. Musiałem pozwolić Matce Bożej nauczyć mnie nowego, chrześcijańskiego życia... Z czasem dojrzało we mnie pragnienie oddania swojego życia Panu. Jestem teraz osobą konsekrowaną, żyję skromnym, wewnętrznym, monastycznym życiem, ale jak lubię o sobie mówić, jestem nikim; jestem jedynie człowiekiem, któremu „szczęśliwie przebaczono"! Są dni, kiedy czuję się bardzo zmęczony, ale starając się pozostać małym i posłusznym Matce Bożej, otrzymuję radość, która nie pochodzi ze świata i otrzymuję łaski i błogosławieństwa, by trwać w zaufaniu i być jej «drogim dzieckiem».

Dziękuję Maryjo, Królowo Pokoju, moja Królowo i Cesarzowo".

CO MÓWIĄ NAM ŚWIĘCI…

PASTUSZKOWIE Z FATIMY

„Franciszek zaproponował dobrą ofiarę: «Oddajmy nasze jedzenie owcom tak, aby złożyć ofiarę marszu bez jedzenia». W ciągu kilku minut wszystkie nasze zapasy rozdaliśmy stadu. W ten sposób rano ofiarowaliśmy post tak, jak nie robili tego nawet najsurowsi kartuzi. Pościliśmy nie tylko w ten sposób. Zdecydowaliśmy także oddawać nasze jedzenie biednym za każdym razem, kiedy ich spotkamy, a tamte biedne dzieci były tak szczęśliwe z otrzymywania naszej jałmużny, specjalnie czekały na ulicy, by nas spotkać".

ŚWIĘTY JAN PAWEŁ II

„Oto kilka interpretacji na temat postu w naszych czasach: wyrzeczenie się zmysłów, bodźców, przyjemności, jedzenia i picia, lista na tym się nie kończy. Post ma jedynie, jak to się mówi, utorować drogę do silnego opanowania, dzięki któremu człowiek wewnętrzny «staje się odżywiony». To wyrzeczenie, to umartwienie powinno sprawić, że w człowieku powstaną warunki, by mógł żyć wyższymi wartościami, których, na swój sposób, «potrzebuje»…

Teraz, z pewnością, jest nam łatwiej zrozumieć, dlaczego nasz Pan, Jezus Chrystus oraz Kościół wzywają nas do postu i pokuty, to jest do nawrócenia. Aby nawrócić się do Boga, konieczne jest odkryć w nas to, co sprawia, że stajemy się zależni od wszystkiego, co należy do Boga, na przykład duchowe uniesienie, wyższe wartości, przemawiające do naszego intelektu, naszej świadomości, „serca" (pojmowanego zgodnie z językiem Biblii). Aby otworzyć się na duchową głębię, na te wartości, konieczne jest oddzielenie się od wszystkiego, co służy konsumpcjonizmowi i zmysłowym przyjemnościom. Otwarcie naszej ludzkiej osobowości na Boga i post – zarówno w „tradycyjny", jak i „nowoczesny" sposób, musi iść w parze z modlitwą, ponieważ jest ona skierowana ku Niemu. Jednakże post, umartwienie zmysłów, kontrola nad ciałem sprawiają, że modlitwa ma większy efekt, który człowiek może odkryć w sobie samym. Rzeczywiście odkrywa on, że modlitwa staje się „inna", silniejsza od tej, której post nie towarzyszy. Człowiek staje się wewnętrznie wolny, a nawrócenie i spotkanie z Bogiem, dzięki modlitwie, przynosi w nim owoc". W naszych dzisiejszych rozważaniach jasne jest to, że post nie jest „produktem ubocznym" religijnych praktyk minionych wieków, ale jest niezbędny współczesnemu człowiekowi, chrześcijanom dzisiejszych czasów".

ŚWIĘTA FAUSTYNA

§ 531. 24 listopada 1935 r. „Niedziela, dzień pierwszy. Zaraz poszłam przed Najświętszy Sakrament i ofiarowałam się z Jezusem, który jest w Najświętszym Sakramencie, Ojcu Przedwiecznemu. Wtem usłyszałam w duszy te słowa: *Celem twoim jest i towarzyszek twoich łączyć się ze mną jak najściślej przez miłość, jednać będziesz ziemię z niebem, łagodzić będziesz słuszny gniew Boży, a wypraszać będziesz miłosierdzie dla świata. Oddaję ci w opiekę dwie perły drogocenne sercu mojemu, a nimi są dusze kapłanów i dusze zakonne, za nich szczególnie modlić się będziesz, ich moc będzie w wyniszczeniu waszym. Modlitwy, posty, umartwienia, prace i wszystkie cierpienia łączyć będziesz z modlitwą, postem, umartwieniem, pracą, cierpieniem moim, a wtenczas będą miały moc przed Ojcem moim"*.

ŚWIĘTY JAN BOSKO / SAINT JOHN BOSCO: SEN O DZIESIĘCIU DIAMENTACH

„Kiedy spałem, mój umysł znalazł się w wielkiej, wspaniale zdobionej sali. Zdawało mi się, że przechadzam się z dyrektorami naszych domów, kiedy pojawił się wśród nas człowiek o tak majestatycznym wyglądzie, że wzrok nie mógł tego znieść. Spojrzawszy na nas bez słowa, zaczął przechadzać się kilka kroków od nas. Był okryty bogatym płaszczem, otulającym jego postać. Część najbliżej szyi wyglądała jak szal wiązany z przodu, a na piersi opadała mu wstążka. Na szalu błyszczał napis: „POBOŻNA WSPÓLNOTA ŚWIĘTEGO FRANCISZKA SALEZEGO W ROKU 1881", a na jego pasku widniały słowa: „JAKA MA BYĆ". Blask dziesięciu wielkich diamentów nadzwyczajnej urody nie pozwalał zatrzymać wzroku – chyba że z wielkim bólem – na tej czcigodnej Postaci. Trzy diamenty znajdowały się na piersiach; na jednym było napisane: WIARA, na drugim: NADZIEJA, a na trzecim, spoczywającym na sercu: MIŁOŚĆ. Czwarty diament znajdował się na prawym ramieniu i nosił napis: PRACA, na piątym – na lewym ramieniu – napisano: WSTRZEMIĘŹLIWOŚĆ. Pozostałych pięć diamentów ozdabiało tył płaszcza i były rozmieszczone tak: największy i najjaśniejszy znajdował się pośrodku, niczym w środku czworoboku, i nosił napis: POSŁUSZEŃSTWO. Na pierwszym z prawej napisano: ŚLUB UBÓSTWA. Na drugim, poniżej: NAGRODA. Po lewej stronie, na górnym widniał napis: ŚLUB CZYSTOŚCI. Mienił się szczególnym światłem, a patrząc na niego, zdawało się, że przyciąga wzrok niczym magnes żelazo. Na drugim po lewej, na samym dole, napisano: POST. Wszystkie cztery diamenty wysyłały promienie ku diamentowi znajdującemu się w samym środku. Brylanty mieniły się promieniami, które pełgały na podobieństwo płomyków, migocąc różnymi sentencjami.

Na WIERZE znajdowały się słowa: „Weźmiecie tarczę wiary, aby pokonać zasadzki demona". Inny promień mówił: "Wiara bez uczynków jest martwa. Nie ten, który słucha, ale ten, który wypełnia prawo, posiądzie królestwo Boże". Na promieniach NADZIEI „Miejcie nadzieję w Panu, a nie w ludziach. Niech wasze serca kierują się zawsze tam, gdzie jest radość prawdziwa". Na promieniach MIŁOŚCI: „Jedni drugich brzemiona noście, jeśli chcecie wypełnić moje prawo. Kochajcie, a będziecie kochani, ale kochajcie wasze dusze i dusze waszych bliźnich. Odmawiajcie pobożne Boskie Oficjum; z uwagą celebrujcie Mszę Świętą; z miłością nawiedzajcie Przenajświętszy Sakrament".

Na słowie PRACA: „Lekarstwo na pożądliwość; potężna broń przeciwko wszystkim pokusom diabła". Na WSTRZEMIĘŹLIWOŚCI: „Ogień gaśnie, jeśli usunie się drzewo. Zawrzyjcie pakt z waszymi oczami, żołądkiem i snem, aby ci wasi wrogowie nie ukradli wam duszy, Brak wstrzemięźliwości i miłość nie mogą mieszkać razem".

Na promieniach POSŁUSZEŃSTWA: „Stanowi fundament całego budynku i istotę świętości". Na promieniach UBÓSTWA: „Królestwo niebieskie należy do ubogich. Bogactwa to ciernie. Ubóstwa nie przeżywa się w słowach, ale praktykujcie czynami i miłością. Ono otworzy wam bramy Nieba i wejdziecie przez nie".

Na promieniach CZYSTOŚCI: „Wszystkie cnoty przychodzą wraz z nią. Ludzie czystego serca przenikają tajemnice Boga i Jego samego oglądają".

Na promieniach NAGRODY: „Jeśli urzeka was wielkość nagrody, niechaj nie trwożą was trudy jej zdobywania. Kto cierpi ze Mną, ze Mną będzie się radować. Cierpienia tego życia trwają chwilę; a szczęście, którym będą się cieszyć moi przyjaciele w Niebie, jest wieczne".

Na promieniach POSTU: „To najpotężniejsza broń przeciwko zasadzkom demona. To strażnik wszystkich cnót. Postem przepędza się wszystkie demony *".

ŚWIĘTY JAN CHRYZOSTOM

„Wartość postu nie polega jedynie na unikaniu konkretnego pożywienia, ale na wyrzeczeniu się wszystkich grzesznych postaw, myśli i pragnień. Ktokolwiek ogranicza post jedynie do spraw jedzenia, nie korzysta z wielkiej wartości postu. Jeśli pościsz, pokaż to w swoich dziełach!

Jeśli widzisz brata w potrzebie, ulituj się nad nim. Jeśli

---

* Za: czerwinsk.salezjanie.pl/sny-ks-bosko [26.11.2017 r.].

widzisz brata, który otrzymuje pochwały, nie bądź zazdrosny. Aby post był prawdziwy, nie może być jedynie postem ust, musisz pościć także oczami, uszami, stopami, dłońmi i całym twoim ciałem; wszystkim, co wewnątrz i na zewnątrz.

Pościsz swoimi dłońmi, kiedy utrzymujesz je w czystości poprzez altruistyczną służbę innym. Pościsz stopami, kiedy jesteś ciągle gotów, by kochać bliźnich i służyć im. Pościsz oczami, kiedy nie patrzysz na rzeczy nieczyste lub gdy nie przyglądasz się badawczo innym, by ich krytykować. Pość od wszystkiego, co naraża na ryzyko twoją duszę i świętość. Byłoby bezużyteczne pozbawiać ciała pożywienia, a karmić serce plugawymi rzeczami, nieczystością, egoizmem, współzawodnictwem lub przyjemnościami.

Pościsz od jedzenia, ale pozwalasz sobie na słuchanie wielu próżnych i światowych rzeczy. Powinieneś pościć także uszami. Powinieneś pościć od słuchania tego, co ludzie mówią o twoich braciach i siostrach, od kłamstw o innych, w szczególności od pomówień, plotek i ostrych słów, które ranią ludzi.

Poza postem ustami musisz pościć od mówienia czegokolwiek, co może skrzywdzić drugą osobę. W końcu, jaki jest z tego pożytek dla ciebie, że powstrzymujesz się od jedzenia mięsa, kiedy pożerasz swojego brata?".

ŚWIĘTY PIOTR CHRYZOLOG

„Niech nasz post będzie postem prostoty..., ukryty przed ludźmi, nieznany Diabłu, znany Bogu. Post obmywa zmysły z brudu, zmazuje grzechy duszy, uwalnia serce z przewinień i sprawia, że plamy na nim znikają i prowadzi w chwale całego człowieka do szczerej czystości.

Są trzy rzeczy, moi bracia i siostry, dzięki którym wiara pozostaje silna, pobożność niezmienna, a cnota trwała, są to: modlitwa, post i uczynki miłosierdzia. Modlitwa puka do drzwi, post uzyskuje, a miłosierdzie przyjmuje. Modlitwa, miłosierdzie i post to te trzy, które wzajemnie dają sobie życie. Post jest duszą modlitwy, miłosierdzie fundamentem postu. Niech nikt nie próbuje ich rozdzielać; nie można ich rozdzielać. Musisz mieć je wszystkie, ponieważ jeśli masz tylko jedno, nie masz niczego. Posługujmy się postem, by wynagrodzić to, co utraciliśmy przez pogardę wobec bliźnich.

Ofiarujmy naszą duszę w ofierze poprzez post. Nie ma żadnej innej ofiary bardziej miłej Bogu niż ta, jak prorokował psalmista: „Moją ofiarą, Boże, duch skruszony, nie gardzisz, Boże, sercem pokornym i skruszonym" (Ps 51, 19).

Ofiaruj swoją duszę Bogu, uczyń ze swojego postu dar dla Niego, tak aby twoja dusza mogła być czystym ofiarowaniem, świętą, żywą ofiarą, pozostając twoją własną, a jednocześnie ofiarowaną Bogu.

Komukolwiek nie uda się oddać tego Bogu, nie będzie usprawiedliwiony, ponieważ jeśli ma Mu się ofiarować, nigdy nie pozostaje bez środków, możliwości ku temu.

By ofiara ta była przyjęta, potrzeba dołączyć dzieła miłosierdzia. Post nie przynosi owoców, jeśli nie jest zraszany miłosierdziem. Post usycha, kiedy usycha miłosierdzie. Uczynki miłosierdzia są dla postu tym, czym deszcz dla ziemi. Bez względu na to, jak bardzo pracujesz nad swoim sercem, oczyszczasz glebę swojej natury, wyrywasz korzenie nałogów, siejesz cnoty, jeśli nie uwalniasz źródeł miłosierdzia, twój post nie przyniesie owocu".

ŚWIĘTY ALFONS MARIA LIGUORI

„Ten, kto jest przywiązany do obżarstwa i nie praktykuje umartwienia, nigdy nie osiągnie wielkich wyżyn duchowych".

ŚWIĘTY LEON WIELKI

„Post jest najmilszą Bogu modlitwą i postrachem Szatana. Uzdalnia nas i innych do tego, by być zbawionym. Post jest najpotężniejszym środkiem do tego, by przybliżyć się do Boga! Nie zaniedbujmy tego potężnego narzędzia, tej terapii, która pomaga nam wyleczyć nasze rany. Ceńcie swoje szczęście: ten, kto wiele otrzymuje, powinien też wiele dawać. Niech post wierzących stanie się pokarmem ubogich".

ŚWIĘTY TOMASZ Z AKWINU

„Kiedy diabeł zostaje pokonany w kuszeniu cię do grzechu obżarstwa, ustanie także w kuszeniu cię do lubieżności".

ŚWIĘTY AUGUSTYN

„Post oczyszcza duszę, podnosi umysł, poddaje ciało duchowi, czyni serce skruszonym i pokornym, rozprasza chmury pożądliwości, gasi ogień pożądania i zapala prawdziwe światło cnoty czystości. Na nowo przyprowadza cię do ciebie".

ŚWIĘTY PROBOSZCZ Z ARS

„...diabeł nie boi się panicznie dyscypliny lub innych narzędzi pokutnych. To, co go pokonuje, to ograniczenie jedzenia, picia i snu. Nie ma nic, czego diabeł boi się bardziej; konsekwentnie, nic bardziej nie podoba się Bogu. Jakże często tego doświadczyłem!

Kiedy byłem sam – a byłem sam przez osiem lub dziewięć lat i dlatego byłem wolny, by robić to, co chciałem – zdarzało się czasami, że nie jadłem nic całymi dniami. Otrzymywałem wtedy, zarówno dla siebie, jak i innych, cokolwiek, o co tylko prosiłem Wszechmogącego Boga.

(...)

Kupiłem od biedaków kawałki chleba, które im rozdano; spędziłem większą część nocy w kościele; nie było wtedy tak wielu ludzi do spowiedzi, jak teraz... Bóg udzielił mi nadzwyczajnych łask...

(...)

Za każdym razem, kiedy pozbawiamy się czegoś, co jest przyjemne, praktykujemy post, który bardzo podoba się Bogu, ponieważ post nie polega głównie na niespożywaniu jedzenia i picia, ale na odmawianiu sobie tego, co sprawia największą przyjemność. Niektórzy umartwiają się w sposób, w jaki się ubierają; inni odmawiając sobie widywania się z przyjaciółmi, których chcieliby zobaczyć; jeszcze inni rezygnując z rozmów, które sprawiają im przyjemność. To taka postawa sprawia, że post jest tak wyjątkowy i podoba się Bogu, ponieważ zwalcza miłość własną, pychę oraz niechęć do robienia tego, co nie sprawia nam przyjemności lub do przebywania z ludźmi, których charaktery i zachowanie są przeciwne do naszych...".

ŚWIĘTY FRANCISZEK SALEZY

„Oto rada. Jeśli jesteś w stanie pościć, byłoby dobrze dla ciebie podejmować post nie tylko w dni wyznaczone przez Kościół, ale także w kilka innych. Poza zwykłymi skutkami postu, jakimi są wzniesienie myśli ku Bogu, podporządkowanie ciała, praktykowanie cnoty, umocnienie w dobru i uzyskanie nagród w niebie, bardzo dobrze zdobywa ta praktyka kontrolę nad naszą zachłannością i utrzymuje pożądliwość zmysłów oraz trzyma całe ciało na wodzy, w poddaniu duchowi. Nawet jeśli nie pościmy wiele, wróg zawsze będzie bał się bardziej nas wtedy, kiedy zda sobie sprawę, że umiemy pościć".

MODLITWA WIECZORNA PRZED ROZPOCZĘCIEM POSTU

Drogi Jezu, wiesz, że jutro jest dzień postu. Wiesz także, że podjąłem decyzję, by pościć, do czego tak mocno wzywa nas Twoja Matka. Jednak, mówiąc szczerze, potrzebuję Twojej pomocy, Jezu, ponieważ wiesz, jak bardzo jestem przywiązany do jedzenia, a post jest wyrzeczeniem, które zawsze dużo mnie kosztuje. Drogi Jezu, bądź przy mnie blisko tego dnia, błagam Cię, nie pozwól, by pokusy mnie zwyciężyły i skradły mi łaskę, którą Ty dla mnie przygotowałeś. Bardzo chciałbym pomóc Ci dotrzeć do wielu serc, które są dziś zamknięte na Twoje wołanie. Wiem, że dzięki mojemu postowi będziesz w stanie wypełnić je światłem Twojej miłości. Wiesz jednak, jak jestem słaby. Dlatego proszę Cię, Jezu, o łaskę postu z pełnym zaangażowaniem serca, bym mógł koncentrować się na ukrytych owocach nawrócenia moich bliskich i wielu innych ludzi, nie myśląc o jedzeniu, którego nie będę mógł jeść.

Teraz, razem z Tobą podejmuję decyzję, by pościć. Boże mój, bądź moją siłą! Z Tobą wszystko jest możliwe i niczego nie boję się!

Przepełnia mnie radość, kiedy myślę o milionach dzieci, które jutro w szkole Maryi będą pościć o chlebie i wodzie, z którymi będę złączony duchowo. Nie będę sam, a ten fakt napełni mnie radością. Jesteśmy prawdziwymi apostołami Twojej Matki, Królowej Pokoju, tak jak Ona nas do tego wzywa i wiem, jak bardzo nas potrzebuje, by wypełniły się jej plany dla świata... Jaki to zaszczyt być jednym z jej dzieci!

Jezu, ten prosty fakt, że porozmawiałem z Tobą, dodał mi sił!

Idźmy do przodu razem! Z wielkim zaufaniem całkowicie się Tobie oddaję i dziękuję Ci za to, że zawsze jesteś ze mną! Łączę mój post z Twoim postem na pustyni, w ten sposób będzie on miał ogromną wartość, a ja wypełnię się nieprzebraną radością! Dziękuję Ci, Jezu!

ORĘDZIA MATKI BOŻEJ O POŚCIE

1981

26 czerwca: „Jestem Błogosławiona Dziewica Maryja. (...) Pokój, pokój, pokój, pojednajcie się! Tylko pokój! Zawrzyjcie pokój z Bogiem i między sobą nawzajem. W tym celu musicie wierzyć, modlić się, pościć i przystępować do spowiedzi[*]".

16 listopada: „Diabeł stara się was pokonać. Nie pozwólcie na to. Zachowujcie wiarę, pośćcie i módlcie się. Będę z wami na każdym waszym kroku".

8 grudnia: „Jeśli nie macie siły, żeby pościć o chlebie i wodzie, możecie rezygnować z różnych rzeczy. Byłoby bardzo dobrym zrezygnować z telewizji, bo po obejrzeniu programów jesteście rozproszeni i nie możecie się modlić. Możecie zrezygnować z

---

[*] Cytaty orędzi pochodzą z książki „Słowa z nieba. Wszystkie orędzia z Medjugoria", Warszawa 1997.

alkoholu, z papierosów i z innych przyjemności. Sami wiecie, co powinniście zrobić".

1982

21 stycznia: (Widzący pytają, co powinni zrobić, by zapanował pokój wśród księży) „Post i modlitwa".

21 lipca: „Najlepszy jest post o chlebie i wodzie. Postem i modlitwami można powstrzymać wojny, można zawiesić prawa natury. Miłosierdzie nie może zastąpić postu. Ci, którzy nie mogą pościć, mogą jednak zastępować post modlitwą, miłosierdziem i spowiedzią; wszyscy jednak, z wyjątkiem chorych, są wezwani do postu".

18 sierpnia: (do Mirjany na temat chorych) „Niech wierzą i modlą się; nie mogę pomóc komuś, kto nie modli się i nie składa siebie w ofierze. Zarówno chorzy, jak i zdrowi powinni modlić się i pościć w intencji chorych. Im głębiej wierzycie, im więcej modlicie się i pościcie w tej samej intencji, tym większa jest łaska i miłosierdzie Boga".

4 września: „...jeśli chcecie oddać się całkowicie Bogu i jeśli chcecie, abym była waszą opiekunką, to powierzcie mi wszystkie wasze intencje, wasze posty i ofiary, abym mogła nimi dysponować zgodnie z Bożą wolą".

1983

29 sierpnia: (Na temat grupy młodych przed ich wyjazdem do pobliskiej miejscowości na spotkanie młodzieży) „Pragnę, abyście się modlili przez całą drogę i abyście wielbili Boga. Na miejscu spotkacie innych młodych. Przekażcie im orędzia, które wam dałam. Nie krępujcie się rozmawiać z nimi na ten temat. Niektórzy zaczynają modlić się i pościć, jak zostało im wskazane, ale szybko się nużą i tracą w ten sposób otrzymane już łaski".

29 października: (do Jeleny) „(...) Trzeba zmuszać się do modlitwy. Modlitwa jest jedyną drogą, która prowadzi do pokoju. Jeśli się modlicie i pościcie, to uzyskacie wszystko, o co prosicie".

8 listopada: (do Jeleny) „Módlcie się i pośćcie! Wszystko, co możecie dla Mnie zrobić, to modlić się i pościć".

1984

19 stycznia: (do Jeleny) „Módlcie się i pośćcie, gdyż bez modlitwy niczego nie zdołacie zrobić".

27 stycznia: (do Jeleny): „Módlcie się i pośćcie. Pragnę, abyście stale pogłębiali swoje życie w modlitwie. Każdego ranka odmawiajcie modlitwę oddania się Sercu Maryi. Róbcie to w gronie rodziny. Każdego ranka odmawiajcie «Anioł Pański», pięć «Ojcze nasz», «Zdrowaś, Mario» i «Chwała Ojcu» dla uczczenia Męki

Pańskiej, a szóste za naszego Ojca Świętego, Papieża. Potem odmówcie «Wierzę w Boga» i modlitwę do Ducha Świętego. Jeśli to możliwe, warto byłoby odmówić różaniec".

10 lutego: (do Jeleny) „Módlcie się i pośćcie! Pragnę od was pokory. Ale możecie stać się pokorni tylko przez modlitwę i post".

13 lutego: (do Jeleny) „Pośćcie i módlcie się! Dajcie Mi wasze serca. Pragnę całkowicie je przemienić. Pragnę, by były czyste".

26 lutego: (do Jeleny) „Módlcie się i pośćcie! Oczekuję od waszych serc wielkoduszności i modlitw".

1 marca: „W czwartek niech każdy znajdzie własny sposób odprawiania postu: palący niech się powstrzyma od palenia; ten, kto pije alkohol, niech nie bierze do ust ani kropli. Niech każdy zrezygnuje z czegoś, co jest mu drogie. Niech te zalecenia zostaną przekazane parafii".

5 marca: (do Jeleny) „Módlcie się i pośćcie! Proście Ducha Świętego, aby odnowił wasze dusze, aby odnowił cały świat".

14 marca: „Módlcie się i pośćcie, aby królestwo Boże nastało wśród was. Niech mój Syn roznieci w was swój ogień".

24 kwietnia: „Zbyt wiele osób, które tutaj zaczęły się modlić, nawracać, pościć i czynić pokutę, szybko zapomina i po powrocie do domów powraca do złych obyczajów".

30 maja: (do Jeleny) „Księża powinni odwiedzać rodziny, a przede wszystkim te, które zarzuciły praktykowanie i które

zapomniały o Bogu. Księża powinni nieść Ewangelię Jezusa do ludu i uczyć go, jak się modlić. I księża powinni sami się więcej modlić, a także pościć; powinni oddawać ubogim to, czego sami nie potrzebują".

1985

26 września: (do Mariji) „Drogie dzieci! Dziękuję za wszystkie modlitwy. Dziękuję za wszystkie ofiary. Pragnę wam powiedzieć, drogie dzieci, byście odnowili polecenia, które wam daję. Szczególnie zachowajcie post, gdyż poprzez post najwięcej osiągnięcie i sprawicie Mi radość, bowiem wówczas spełni się cały plan, który Bóg postanowił zrealizować w Medjugorie. Dziękuję, że odpowiedzieliście na moje wezwanie".

1986

4 września: (do Mariji) „Drogie dzieci! I dzisiaj wzywam was do modlitwy i postu. Wiecie, drogie dzieci, że z waszą pomocą mogę uczynić wszystko i zmusić Szatana, by nie kusił do zła i by oddalił się od tego miejsca. Szatan czyha, drogie dzieci, na każdego człowieka. Szczególnie pragnie w każdą codzienną sprawę wnieść niepokój u każdego z was. Dlatego też, drogie dzieci, wzywam was, by wasz dzień był jedynie modlitwą i oddaniem się całkowitym Bogu. Dziękuję, że odpowiedzieliście na moje wezwanie".

4 grudnia: (do Mariji) „Drogie dzieci! I dziś wzywam was, byście swoje serca przygotowali na te dni, w których Pan pragnie was szczególnie oczyścić ze wszystkich grzechów waszej przeszłości. Wy, drogie dzieci, nie możecie sami tego uczynić, dlatego jestem tu po to, by wam pomóc. Módlcie się, drogie dzieci! Tylko w ten sposób będziecie mogli rozpoznać całe zło, jakie jest w was, i oddać je Panu, aby Pan mógł oczyścić całkowicie wasze serca. Dlatego, drogie dzieci, módlcie się nieustannie i pośćcie. Dziękuję, że odpowiedzieliście na moje wezwanie".

1987

28 stycznia: (do Mirjany) „Moje drogie dzieci! Przyszłam do was, aby poprowadzić was do czystości duszy, a więc do Boga.

Jak Mnie przyjęliście? Na początku nie dowierzaliście, byliście lękliwi i nieufni wobec dzieci, które wybrałam. Potem większość przyjęła Mnie do swojego serca; zaczęli oni wprowadzać w życie moje macierzyńskie rady. Niestety, nie trwało to długo. W jakimkolwiek miejscu się ukażę, a razem ze Mną mój Syn, pojawia się także Szatan. Dopuściliście do tego, że was sobie podporządkował, nie zdając sobie sprawy, że wami kieruje. Zdarza wam się uświadomić sobie, że nie postępujecie zgodnie z pragnieniem Boga, ale szybko tłumicie tę myśl. Nie poddawajcie się, moje dzieci. Zetrzyjcie z mojej twarzy łzy, jakie wylewam, kiedy widzę, jak postępujecie.

Rozejrzyjcie się wokół siebie. Spędzajcie wiele czasu na zbliżaniu się do Boga w kościele. Przychodźcie do domu waszego Ojca.

1987

Spędzajcie wiele czasu w gronie rodziny, aby wspólną modlitwą wyjednać łaskę Bożą. Pamiętajcie o waszych zmarłych. Sprawiajcie im radość, ofiarowując Mszę świętą w ich intencji.

Nie patrzcie z pogardą na biedaka, który żebrze o kawałek chleba. Nie odpychajcie go od waszego obfitego stołu. Pomóżcie mu, a Bóg pomoże wam. Być może błogosławieństwo, jakie daje wam na znak wdzięczności, wypełni się dla was? Być może Bóg go wysłucha? Zapomnieliście o tym wszystkim, moje dzieci. Szatan na was wpłynął w tych sprawach.

Nie poddawajcie się! Módlcie się razem ze Mną! Nie zwódźcie samych siebie, myśląc: «Ja jestem dobry, ale mój brat koło mnie nie jest dobry». Bylibyście w błędzie. Kocham was i dlatego jako Matka was ostrzegam. Co do tajemnic, moje dzieci, nie są one znane ludziom. Kiedy się o nich dowiedzą, będzie za późno.

Powróćcie do modlitwy! Pragnęłabym, aby Pan pozwolił mi poinformować was choć trochę o tajemnicach, ale już i tak udziela wam wielu łask. Zastanówcie się: co wy ofiarowujecie Mu w zamian? Kiedy ostatni raz wyrzekliście się czegoś dla Pana?

Nie chcę więcej was upominać, ale chcę po raz kolejny wezwać was do modlitwy, postu i pokuty. Jeśli pragniecie otrzymać łaskę od Boga przez post, niech nikt nie wie o tym, że pościcie! Jeśli pragniecie otrzymać łaskę od Boga przez dar złożony ubogiemu, niech nikt nie wie o tym z wyjątkiem was i Pana.

Słuchajcie Mnie, moje dzieci, rozważajcie na modlitwie moje orędzia".

1989

14 stycznia: „Drogie dzieci! Wzywam was, byście odnowili wasz post wszystkimi zmysłami: smakiem, wzrokiem, powonieniem, słuchem; umartwiajcie też wasz język. Praktykujcie umartwienia. W ten sposób odnowicie modlitwę waszego ciała. Bądźcie uważni, bo Szatan w tym czasie dąży do tego, by zniszczyć wszystko to, co otrzymaliście w czasie Bożego Narodzenia i w inne święta *".

1991

25 lipca: (do Mariji) „Drogie dzieci! Dzisiaj wzywam was, abyście modlili się o pokój. W tym czasie pokój jest w szczególny sposób zagrożony i Ja żądam od was, abyście odnowili post i modlitwę w waszych rodzinach. Drogie dzieci, pragnę, żebyście zrozumieli powagę sytuacji i to, że wiele z tego, co się stanie, zależy od waszej modlitwy, a wy mało się modlicie. Drogie dzieci, jestem z wami i wzywam was, abyście z powagą zaczęli się modlić i pościć, tak jak w pierwszych dniach mojego przyjścia. Dziękuję, że odpowiedzieliście na moje wezwanie".

25 sierpnia: (do Mariji) „Drogie dzieci! (…) Szatan jest silny, pragnie pomieszać plany pokoju i radości, i dać wam odczuć, że mój Syn nie jest silny w swoich decyzjach. Dlatego wzywam

---

* Tłumaczenie własne z tekstu w języku angielskim: Sister Emmanuel Maillard, *The Forgotten Power of Fasting*, 2017.

was wszystkich, drogie dzieci, byście się modlili i pościli jeszcze mocniej. (...)".

1992

25 marca: (do Mariji) „Drogie dzieci! Dziś jak nigdy wzywam was do życia moimi orędziami i do stosowania ich w praktyce. Przyszłam do was, aby wam pomóc i dlatego wzywam was do zmiany życia, gdyż idziecie nieszczęsną drogą, drogą zagłady. Kiedy mówiłam wam: «nawróćcie się, módlcie się, pośćcie, pojednajcie się», przyjęliście te orędzia powierzchownie. Zaczęliście żyć według nich, ale potem odstąpiliście, gdyż było to dla was trudne. Nie, drogie dzieci, kiedy coś jest dobre, trzeba w dobrym wytrwać, a nie myśleć, że Bóg mnie nie widzi, nie słucha, nie pomaga mi. Tak i wy z powodu nędznych interesów odeszliście od Boga i ode Mnie. Pragnęłam stworzyć w was oazę pokoju, miłości i dobroci. Bóg pragnął, abyście przez swoją miłość i przy Jego pomocy czynili cuda i byli przykładem. Przeto to wam powiem: Szatan igra z wami i z waszymi duszami, a ja nie mogę wam pomóc, gdyż jesteście daleko od mojego Serca. Dlatego módlcie się, żyjcie według moich orędzi, a wtedy ujrzycie cuda miłości Bożej w waszym codziennym życiu. Dziękuję, że odpowiedzieliście na moje wezwanie".

25 kwietnia: (do Mariji) „Drogie dzieci! Dzisiaj znów wzywam was do modlitwy. Tylko modlitwą i postem można wstrzymać wojnę. Dlatego, drogie moje dzieci, módlcie się i swoim życiem dajcie świadectwo, że jesteście moimi i do Mnie należycie, gdyż Szatan chce w tych dniach zamętu sprowadzić na złą drogę jak

najwięcej dusz. Dlatego wzywam was, abyście się zdecydowali na Boga, a On was obroni i wskaże, co powinniście czynić i jaką drogą iść. Wzywam wszystkich, którzy mi powiedzieli «tak», aby odnowili akt poświęcenia się mojemu Synowi Jezusowi i Jego Sercu, i Mnie, abyśmy mogli was jeszcze intensywniej użyć jako narzędzia pokoju w tym niespokojnym świecie. Medjugorie jest znakiem dla was wszystkich i wezwaniem do modlitwy oraz przeżywania dni łaski, które Bóg wam daje. Dlatego, drogie dzieci, przyjmijcie z powagą wezwanie do modlitwy. Jestem z wami i wasze cierpienie jest również moim. Dziękuję, że odpowiedzieliście na moje wezwanie".

1999 *

25 kwietnia: (do Mariji) „Drogie dzieci! Również dzisiaj wzywam was do modlitwy. Moje dzieci, bądźcie tymi, którzy z radością niosą pokój i miłość w tym niespokojnym świecie. Przez post i modlitwę dajcie świadectwo, że jesteście moimi i że żyjecie moimi orędziami...".

---

* Wszystkie orędzia po 1992 roku zostały tutaj umieszczone w tłumaczeniu własnym, z wersji w języku angielskim: *The Forgotten Power of Fasting*, 2017.

2000

25 czerwca: (do Ivanki) „Przedstawiłam się jako «Królowa Pokoju». Ponownie wzywam was do pokoju, postu, modlitwy. Odnówcie modlitwę w rodzinach i przyjmijcie moje błogosławieństwo".

25 października: (do Mariji) „Drogie dzieci! Dzisiaj pragnę otworzyć przed wami moje matczyne serce i wszystkich was wezwać do modlitwy w moich intencjach. Pragnę odnowić z wami modlitwę i wezwać was do postu, który pragnę ofiarować mojemu Synowi, Jezusowi na nadejście nowego czasu – czasu wiosny. W tym Roku Jubileuszowym wiele serc otworzyło się na mnie, a Kościół odnawia się w Duchu. Raduję się z wami i dziękuję Bogu za ten dar, a was, moje małe dzieci, wzywam: módlcie się, módlcie się, módlcie się, dopóki modlitwa nie stanie się dla was radością. Dziękuję, że odpowiedzieliście na moje wezwanie".

2001

25 stycznia: (do Mariji) „Drogie dzieci! Dzisiaj wzywam was, byście odnowili modlitwę i post z jeszcze większym zapałem aż do momentu, kiedy modlitwa stanie się dla was radością. Moje dzieciątka, ten, kto się modli, nie lęka się przyszłości, a kto pości, nie lęka się zła. Powtarzam wam: tylko przez modlitwę i post także wojny mogą być wstrzymane – wojny waszej niewiary i lęku przed przyszłością. Jestem z wami i pouczam was, moje

dzieci: wasz pokój i nadzieja są w Bogu. Dlatego przybliżcie się do Boga i umieśćcie Go na pierwszym miejscu w waszym życiu. Dziękuję, że odpowiedzieliście na moje wezwanie".

25 września: (do Mariji) „Drogie dzieci! Również dzisiaj wzywam was do modlitwy, szczególnie dzisiaj, kiedy Szatan chce wojny i nienawiści. Na nowo was wzywam, moje dzieci: módlcie się i pośćcie, by Bóg udzielił wam pokoju. Dajcie świadectwo pokoju wobec każdego serca i bądźcie tymi, którzy niosą pokój w tym niespokojnym świecie. Jestem z wami i wstawiam się przed Bogiem za każdym z was. A wy nie lękajcie się, ponieważ kto się modli, nie lęka się zła i nie ma nienawiści w sercu. Dziękuję wam, że odpowiedzieliście na moje wezwanie".

2003

25 lutego: (do Mariji) „Drogie dzieci! Również dzisiaj wzywam was, byście modlili się i pościli w intencji pokoju. Jak już mówiłam i teraz wam powtarzam, drogie dzieci: tylko modlitwą i postem można powstrzymać nawet wojny. Pokój jest drogocennym darem Boga. Proście, módlcie się, a otrzymacie go (...)".

2004

25 lipca: (do Mariji) „Drogie dzieci! Na nowo wzywam was: bądźcie otwarci na moje orędzia. Pragnę was, moje dzieci, wszystkich przybliżyć do mojego Syna Jezusa, dlatego módlcie

się i pośćcie. Szczególnie wzywam was do modlitwy w moich intencjach, tak bym mogła przedstawić was mojemu Synowi Jezusowi, by przemienił i otworzył wasze serca na miłość. Kiedy będziecie mieć miłość w sercu, zapanuje w was pokój. Dziękuję, że odpowiedzieliście na moje wezwanie".

2005

18 marca: (do Mirjany) „Drogie dzieci! Przychodzę do was jako matka, która przede wszystkim kocha swoje dzieci. Moje dzieci, pragnę nauczyć was kochać. Modlę się o to. Modlę się, byście rozpoznali mojego Syna w każdym waszym bliźnim. Droga do mojego Syna, który jest prawdziwym pokojem i miłością, prowadzi przez miłość do wszystkich bliźnich. Moje dzieci, módlcie się i pośćcie, by wasze serca były otwarte na tę moją intencję".

25 lipca: (do Mariji) „Drogie dzieci! Również dzisiaj wzywam was, byście krótkimi i żarliwymi modlitwami wypełniali każdy wasz dzień. Kiedy modlicie się, wasze serce jest otwarte, a Bóg was miłuje szczególną miłością i rozdaje wam szczególne łaski. Dlatego dobrze wykorzystajcie ten czas łaski i poświęćcie go Bogu bardziej niż kiedykolwiek dotąd. Odprawiajcie nowenny, poszcząc i czyniąc wyrzeczenia, by Szatan był daleko od was i by łaska was otaczała. Ja jestem blisko was i wstawiam się przed Bogiem za każdym z was. Dziękuję, że odpowiedzieliście na moje wezwanie".

2006

2 stycznia: (do Mirjany) „Drogie dzieci! Mój Syn się narodził! Wasz Zbawiciel jest tutaj z wami. Co przeszkadza waszym sercom, aby Go przyjąć? Co jest w nich fałszywego? Oczyśćcie je postem i modlitwą. Rozpoznajcie i przyjmijcie mojego Syna. Tylko On daje wam prawdziwy pokój i prawdziwą miłość. Drogą do życia wiecznego jest On – mój Syn. Dziękuję wam!".

18 marca: (do Mirjany) „Drogie dzieci! W tym czasie Wielkiego Postu wzywam was do wewnętrznego wyrzeczenia. Droga do tego prowadzi przez miłość, post, modlitwę i dobre uczynki. Tylko poprzez całkowite wewnętrzne wyrzeczenie rozpoznacie Bożą miłość oraz znaki czasów, w których żyjecie. Będziecie świadkami tych znaków i zaczniecie o nich mówić. Pragnę was do tego poprowadzić. Dziękuję, że mi odpowiedzieliście".

2 października: (do Mirjany) „Drogie dzieci! Przychodzę do was w tym czasie, by skierować do was wezwanie do wieczności. To jest wezwanie miłości. Wzywam was, byście miłowali, bo tylko przez miłość poznacie miłość Boga. Wielu myśli, że ma wiarę w Boga i że zna Jego prawa. Stara się żyć według nich, ale nie czyni najważniejszego: nie miłuje Go. Dzieci moje, módlcie się, pośćcie. To jest droga, która pomoże wam się otworzyć i miłować. Tylko przez miłość Bożą zdobywa się wieczność. Jestem z wami. Będę was prowadzić z matczyną miłością. Dziękuję wam, że mi odpowiedzieliście".

2 grudnia: (do Mirjany) „Drogie dzieci! W tym radosnym czasie oczekiwania na mojego Syna pragnę, by wszystkie dni waszego ziemskiego życia były radosnym wyczekiwaniem mojego Syna. Wzywam was do świętości. Wzywam was, byście byli moimi apostołami światła, by przez was Dobra Nowina oświecała wszystkich tych, których spotkacie. Pośćcie i módlcie się, a ja będę z wami. Dziękuję wam".

2007

2 stycznia: (do Mirjany) „Drogie dzieci! W tym świętym czasie pełnym Bożych łask i Jego miłości, która posyła mnie do was, wzywam was, abyście nie byli zatwardziałego serca. Niech post i modlitwa będą waszą bronią w przybliżaniu się i poznawaniu Jezusa, mojego Syna. Naśladujcie mnie, mój pełen światła przykład. Będę wam pomagać, jestem przy was. Dziękuję wam".

2 marca: (do Mirjany) „Drogie dzieci, moje imię to Miłość. Jestem z wami tak długo w waszych czasach, ponieważ posyła mnie Wielka Miłość. Proszę was o to samo. Proszę o miłość w rodzinach. Proszę, byście rozpoznali miłość w swoim bracie. Tylko w ten sposób, przez miłość, ujrzycie oblicze Największej Miłości. Niech post i modlitwa będą dla was jak gwiazdy wskazujące drogę. Otwórzcie swoje serca na miłość, czyli zbawienie. Dziękuję".

18 marca: (do Mirjany) „Drogie dzieci! Przychodzę do was jako Matka z darami. Przychodzę z miłością i miłosierdziem. Drogie dzieci, moje Serce jest wielkie. Pragnę, by wszystkie

wasze serca zostały oczyszczone przez post i modlitwę. Pragnę, aby przez miłość nasze serca wspólnie zatriumfowały. Pragnę, byście przez ten triumf zobaczyli jedyną Prawdę, prawdziwą Drogę i prawdziwe Życie. Pragnę, byście zobaczyli mojego Syna. Dziękuję wam".

25 marca: (do Mirjany) „Drogie dzieci! Pragnę wam z serca podziękować za wasze wielkopostne wyrzeczenia. Pragnę zachęcić was, byście nadal z otwartym sercem praktykowali post. Przez post i wyrzeczenia, drogie dzieci, będziecie mocniejsi w wierze. W Bogu znajdziecie prawdziwy pokój dzięki codziennej modlitwie. Jestem z wami i nie jestem tym zmęczona. Pragnę poprowadzić was wszystkich do Nieba, dlatego codziennie decydujcie się na świętość. Dziękuje, że odpowiedzieliście na moje wezwanie".

2 września: „Drogie dzieci! W tym czasie Bożych znaków nie lękajcie się, bo ja jestem z wami. Wielka Boża Miłość posyła mnie, by poprowadzić was do zbawienia. Dajcie mi swoje proste serca, oczyszczone postem i modlitwą. Tylko w prostocie waszych serc jest wasze zbawienie. Będę z wami i będę was prowadzić. Dziękuję wam".

2 listopada: (do Mirjany) „Drogie dzieci! (...) Bóg jest niezmierzonym Dobrem i dlatego jako Matka proszę was: módlcie się, módlcie się, módlcie się, pośćcie i miejcie nadzieję, że to dobro jest możliwe do osiągnięcia, ponieważ z tego dobra rodzi się miłość. Duch Święty umocni w was to dobro i będziecie w stanie nazywać Boga swoim Ojcem. (...)".

2008

2 stycznia: (do Mirjany) „Drogie dzieci! Miłuję was z całego Serca i oddaję się wam. Tak jak matka walczy o swoje dzieci, tak ja modlę się i walczę o was. Proszę was, nie bójcie się otworzyć, by kochać bliźnich i dawać siebie innym całym sercem. Im bardziej czynicie to sercem, tym więcej otrzymacie i lepiej zrozumiecie mojego Syna i Jego dar dla was. Niech każdy rozpoznaje was po miłości mojego Syna i po mnie. Dziękuję wam".

25 stycznia: (do Mariji) „Drogie dzieci! W czasie Wielkiego Postu przybliżacie się do czasu łaski. Wasze serce jest jak zaorana ziemia, gotowe przyjąć owoc, który wyrośnie w to, co dobre. Wy jesteście, drogie dzieci, wolni, by wybrać dobro lub zło. Dlatego wzywam was: módlcie się i pośćcie. Posadźcie ziarno radości, a owoc radości będzie rósł w waszych sercach dla waszego dobra, inni go dostrzegą i przyjmą go dzięki świadectwu waszego życia. Wyrzeknijcie się grzechu i wybierzcie życie wieczne. Jestem z wami i wstawiam się za wami przed moim Synem. Dziękuję, że odpowiedzieliście na moje wezwanie".

2009

18 marca: (do Mirjany) „Drogie dzieci! Dzisiaj wzywam was, byście szczerze i długo przyjrzeli się swoim sercom. Co w nich ujrzycie? Gdzie jest w nich mój Syn i pragnienie, by iść za mną do Niego? Dzieci moje, niech ten czas wyrzeczeń będzie czasem,

kiedy zadacie sobie pytanie: «Czego mój Bóg ode mnie oczekuje? Co powinienem czynić?». Módlcie się, pośćcie i miejcie serce pełne miłosierdzia. Nie zapominajcie o swoich pasterzach. Módlcie się, by się nie pogubili, by trwali w moim Synu, by byli dobrymi pasterzami dla swojej owczarni".

(Matka Boża spojrzała na wszystkich obecnych i dodała)

„Jeszcze raz wam powiem: gdybyście wiedzieli, jak bardzo was kocham, płakalibyście ze szczęścia. Dziękuję".

25 października: „Drogie dzieci! Również dzisiaj przynoszę wam moje błogosławieństwo i wszystkich was błogosławię i wzywam was do wzrostu na tej drodze, którą Bóg rozpoczął przeze mnie dla waszego zbawienia. Módlcie się, pośćcie i radośnie dawajcie świadectwo waszej wiary, drogie dzieci, niech wasze serca zawsze będą przepełnione modlitwą. Dziękuję wam, że odpowiedzieliście na moje wezwanie".

2010

2 czerwca: (do Mirjany) „Drogie dzieci! Dzisiaj wzywam was, abyście postem i modlitwą przygotowali mojemu Synowi drogę do waszych serc. Przyjmijcie mnie jako Matkę i zwiastunkę Bożej miłości i Jego pragnienie waszego zbawienia. Uwolnijcie się od wszystkiego z przeszłości, co was obciąża i wywołuje w was poczucie winy; z tego wszystkiego, co wcześniej prowadziło was do błędu i ciemności. Przyjmijcie światłość. Narodźcie się na nowo w sprawiedliwości mojego Syna. Dziękuję wam".

2011

2 stycznia: (do Mirjany) „Drogie dzieci! Dziś wzywam was do jedności w Jezusie, moim Synu. Moje matczyne serce modli się, abyście pojęli, że jesteście Bożą rodziną. Ojciec Niebieski obdarzył was duchową wolnością, jesteście więc wezwani, by samemu rozpoznawać prawdę, dobro i zło. Niech modlitwa i post otworzą wam serca i pomogą wam przez mojego Syna odkryć Ojca Niebieskiego. Odkrywając Ojca, wasze życie będzie ukierunkowane na pełnienie woli Bożej i tworzenie Bożej rodziny, tak jak pragnie tego mój Syn. Nie zostawię was na tej drodze. Dziękuję wam".

2 marca: (do Mirjany) „Drogie dzieci! Moje matczyne serce ogromnie cierpi, kiedy patrzę na swoje dzieci, które konsekwentnie przedkładają to, co ludzkie, ponad to, co Boże; na moje dzieci, które mimo wszystkiego, co ich otacza, i mimo wszystkich znaków, które są im zsyłane, myślą, że mogą kroczyć bez mojego Syna. Nie mogą! Kroczą ku wiecznej zagładzie. Dlatego gromadzę was, którzy jesteście gotowi otworzyć mi swoje serce, którzy jesteście gotowi być apostołami mojej miłości, abyście mi pomogli; a żyjąc Bożą miłością, byli przykładem dla tych, którzy jej nie znają. Niech post i modlitwa będą w tym waszą siłą, a ja was błogosławię matczynym błogosławieństwem w imię Ojca i Syna, i Ducha Świętego. Dziękuję".

25 sierpnia: (do Mariji) „Drogie dzieci! Dzisiaj wzywam was, byście modlili się i pościli w moich intencjach, ponieważ Szatan chce zniszczyć mój plan. Zaczęłam tutaj od tej parafii i wezwałam

cały świat. Wielu odpowiedziało, ale jest olbrzymia liczba tych, którzy nie chcą słyszeć ani przyjąć mojego wołania. Dlatego wy, którzy powiedzieliście «tak», bądźcie mocni i zdecydowani. Dziękuję, że odpowiedzieliście na moje wezwanie".

2012

18 marca: (do Mirjany) „Drogie dzieci! Przychodzę do was, ponieważ pragnę być waszą Matką, waszą Orędowniczką. Pragnę być więzią pomiędzy wami a Ojcem Niebieskim, waszą Pośredniczką. Pragnę wziąć was za ręce i kroczyć z wami w bitwie przeciwko duchowi nieczystemu. Dzieci moje, poświęćcie mi się całkowicie. Wezmę wasze życie w swoje matczyne dłonie i nauczę was pokoju i miłości, a potem oddam was mojemu Synowi. Proszę was, abyście modlili się i pościli, ponieważ tylko w ten sposób będziecie wiedzieli, jak dawać świadectwo o moim Synu we właściwy sposób, przez wstawiennictwo mojego matczynego serca. Módlcie się za swoich pasterzy, by zjednoczeni w moim Synu mogli zawsze radośnie głosić Słowo Boże. Dziękuję wam".

2 czerwca: (do Mirjany) „(…) Moje dzieci, spoczywa na was wielka odpowiedzialność. Pragnę, abyście swoim przykładem pomogli grzesznikom przejrzeć; wzbogacili ich ubogie dusze i z powrotem przyprowadzili ich w moje objęcia. Dlatego módlcie się, módlcie się, pośćcie i regularnie się spowiadajcie. Jeśli przyjmowanie mojego Syna w Eucharystii jest w centrum waszego życia, wtedy nie bójcie się, możecie uczynić wszystko. Ja jestem z wami. Każdego dnia modlę się za pasterzy i oczekuję tego samego od was, ponieważ, moje dzieci, bez ich prowadzenia

i umocnienia przez błogosławieństwo nie jesteście w stanie wypełnić moich próśb. Dziękuję wam".

25 października: (do Mariji) „Drogie dzieci! Dzisiaj wzywam was, byście się modlili w moich intencjach. Odnówcie post i modlitwę, bo Szatan jest przebiegły i przyciąga wiele serc do grzechu i zagłady. Wzywam was, drogie dzieci, do świętości i życia w łasce. Adorujcie mojego Syna, by On napełnił was swoim pokojem i miłością, których tak pragniecie. Dziękuję wam, że odpowiedzieliście na moje wezwanie".

2 listopada: (do Mirjany) „(…) Moje dzieci, dana jest wam wielka łaska bycia świadkami Bożej miłości. Nie przyjmujcie tej odpowiedzialności lekko. Nie zasmucajcie mojego matczynego serca. Jako Matka pragnę polegać na moich dzieciach, na moich apostołach. Przez post i modlitwę otwieracie mi drogę modlitwy do mojego Syna, by był przy was i by Jego imię było w was uświęcone. Módlcie się za pasterzy, ponieważ nic z tego nie byłoby możliwe bez nich. Dziękuję wam".

2013

2 stycznia: (do Mirjany) „(…) moje dzieci, nie bójcie się otworzyć mi swoich serc. Ofiaruję je mojemu Synowi, a On w zamian obdarzy was Bożym pokojem. Będziecie go nieść wszystkim, których spotkacie, będziecie świadczyć życiem o Bożej miłości i będziecie dawać mojego Syna przez siebie. Dzięki waszemu pojednaniu, postowi i modlitwie będę was prowadzić. Niezmierzona jest moja miłość. Nie bójcie się (…)".

2 marca: (do Mirjany) „Drogie dzieci! Ponownie w matczyny sposób wzywam was: nie zatwardzajcie waszego serca. Nie zamykajcie oczu na przestrogi, które Ojciec Niebieski zsyła wam z miłości. Czy miłujecie Go ponad wszystko? Czy wyrażacie żal, że często zapominacie, iż Ojciec Niebieski z powodu swojej ogromnej miłości posłał swojego Syna, by odkupił nas przez krzyż? Czy wyrażacie żal, że jeszcze nie przyjęliście orędzia? Moje dzieci, nie opierajcie się miłości mojego Syna. Nie opierajcie się nadziei i pokojowi. Z waszą modlitwą i postem, przez Swój krzyż mój Syn rozproszy ciemność, która chce was ogarnąć i zapanować nad wami. On da wam siłę do nowego życia. Żyjąc nim według nauczania mojego Syna, będziecie błogosławieństwem i nadzieją dla wszystkich grzeszników, którzy błąkają się w ciemności grzechu. Dzieci moje, czuwajcie! Ja, jako Matka, czuwam razem z wami. Szczególnie modlę się i czuwam nad tymi, których mój Syn powołał, by nieśli wam światło i nadzieję – nad waszymi pasterzami. Dziękuję wam".

2 maja: (do Mirjany) „Drogie dzieci! Ponownie wzywam was, byście miłowali, a nie sądzili. Mój Syn z woli Ojca Niebieskiego był pośród was, by pokazać wam drogę zbawienia, by was zbawić, a nie by was sądzić. Jeśli pragniecie iść za moim Synem, nie będziecie sądzić, ale będziecie miłować tak, jak Ojciec Niebieski miłuje was. A kiedy jest wam najtrudniej, kiedy upadacie pod ciężarem krzyża, nie rozpaczajcie, nie osądzajcie, ale pamiętajcie, że jesteście kochani, i chwalcie Ojca Niebieskiego za Jego miłość. Moje dzieci, nie zbaczajcie z drogi, którą was prowadzę. Nie idźcie lekkomyślnie na zatracenie. Niech modlitwa i post was umocnią, abyście żyli tak, jak chce tego Ojciec Niebieski; byście mogli być moimi apostołami wiary i miłości; by wasze

życie błogosławiło tych, których spotykacie; byście byli jedno z Ojcem Niebieskim i moim Synem (...)".

2 czerwca: (do Mirjany) „Drogie dzieci! W tym niespokojnym czasie na nowo wzywam was, abyście poszli za moim Synem, byście go naśladowali. Wiem o waszych bólach, cierpieniach i trudnościach, ale w moim Synu znajdziecie odpoczynek; w Nim znajdziecie pokój i zbawienie. Moje dzieci, nie zapominajcie, że mój Syn odkupił was przez Swój Krzyż i umożliwił wam, byście na nowo stali się dziećmi Bożymi, byście na nowo mogli zwracać się do Ojca Niebieskiego: «Ojcze!». Abyście byli godni Ojca, miłujcie i wybaczajcie, ponieważ wasz Ojciec jest miłością i przebaczeniem. Módlcie się i pośćcie, ponieważ to jest droga waszego oczyszczenia, to droga poznania Ojca Niebieskiego. Kiedy poznacie Ojca, pojmiecie, że tylko On jest wszystkim, czego potrzebujecie. (...)".

2 lipca: (do Mirjany) „Drogie dzieci, z matczyną miłością wzywam was, abyście podarowali mi wasze serca, abym mogła przedstawić je mojemu Synowi i uwolniła was – uwolniła od wszelkiego zła, które was zniewala i coraz bardziej oddala od jedynego Dobra – mojego Syna – bym uwolniła was od wszystkiego, co sprowadza was na złą drogę i odbiera wam pokój. Pragnę poprowadzić was do wolności, która jest obietnicą mojego Syna, ponieważ pragnę, by wola Boża całkowicie wypełniła się w tym miejscu; aby przez post i modlitwę mogli zrodzić się apostołowie Bożej miłości – apostołowie, którzy będą w wolności i z miłością szerzyć Bożą miłość do wszystkich moich dzieci; apostołowie, którzy będą szerzyć miłość i zaufanie Ojcu Niebieskiemu i którzy będą stale otwierać bramy Nieba...".

2 września: (do Mirjany) „Drogie dzieci, kocham was wszystkich. Wszystkich was, wszystkie moje dzieci, wszyscy jesteście w moim sercu. Wszyscy macie moją matczyną miłość i pragnę prowadzić was wszystkich do poznania Bożej radości. To dlatego was wzywam. Potrzebuję pokornych apostołów, którzy z otwartym sercem przyjmą Słowo Boże i pomogą innym zrozumieć znaczenie ich życia zgodnego ze Słowem Bożym. Abyście byli do tego zdolni, moje dzieci, poprzez modlitwę i post musicie uczyć się słuchać sercem i uczyć się nieustannego poddawania się woli Bożej. Musicie nauczyć się ciągłego odrzucania wszystkiego, co oddala was od Bożego słowa, i pragnienia jedynie tego, co was do Niego przybliża. Nie bójcie się. Jestem tu. Nie jesteście sami…".

2 grudnia: (do Mirjany) „Drogie dzieci, z matczyną miłością i z matczyną cierpliwością patrzę na waszą nieustanną wędrówkę, jak bardzo jesteście zagubieni. To dlatego jestem z wami. Pragnę pomóc wam najpierw odnaleźć i poznać samych siebie tak, abyście byli w stanie szczerze i w pełni rozpoznać i przyznać się do wszystkiego, co nie pozwala wam poznać miłości Ojca Niebieskiego. Moje dzieci, Ojciec pozwala się poznać przez krzyż. Dlatego nie odrzucajcie krzyża. Walczcie, by go zrozumieć i przyjąć, z moją pomocą. Kiedy będziecie w stanie przyjąć krzyż, zrozumiecie także miłość Ojca Niebieskiego; będziecie kroczyć wraz z moim Synem i ze mną; będziecie różnić się od tych, którzy nie poznali miłości Ojca Niebieskiego, od tych, którzy słuchają Go, ale Go nie rozumieją, którzy nie kroczą z nim przez życie – którzy Go nie poznali. Pragnę, abyście poznali prawdę o moim Synu i byście byli moimi apostołami; abyście jako dzieci Boga mogli wznieść się ponad ludzki sposób myślenia i zawsze i we wszystkim szukali nowego, Bożego sposobu myślenia. Moje dzieci, módlcie się i pośćcie, abyście mogli przyjąć to wszystko,

o co dla was proszę. Módlcie się za waszych pasterzy i pragnijcie w jedności z nimi poznać miłość Ojca niebieskiego. Dziękuję".

2014

2 lutego: (do Mirjany) „Drogie dzieci... Pragnę, abyście dzięki postowi i modlitwie otrzymali od Ojca Niebieskiego poznanie tego, co jest naturalne i święte – tego, co Boskie. Przepełnieni tym poznaniem, pod opieką mojego Syna i moją, będziecie apostołami, którzy będą wiedzieli, jak głosić Słowo Boże tym wszystkim, którzy go nie znają; i będziecie wiedzieć, jak pokonać przeszkody, które pojawią się na waszej drodze. Moje dzieci, poprzez błogosławieństwo Boża łaska zstąpi na was, a wy będziecie w stanie ją utrzymać dzięki postowi, modlitwie, oczyszczeniu i pojednaniu. Będziecie do tego zdolni, o co dla was proszę...".

2 kwietnia: (do Mirjany) „Drogie dzieci, z matczyną miłością pragnę pomóc wam w waszym życiu modlitewnym i w pokucie, aby były szczerym staraniem przybliżenia się do mojego Syna i Jego boskiego światła – abyście wiedzieli, jak porzucić grzech. Każda modlitwa, każda Msza święta i każdy post jest próbą przybliżenia się do mojego Syna, przypomnieniem Jego chwały i schronieniem przed grzechem – to sposób na odnowienie jedności między dobrym Ojcem i Jego dziećmi...".

2 sierpnia: (do Mirjany) „Drogie dzieci, powód, dla którego jestem z wami, moja misja, to na dobre pomóc wam zwyciężyć, nawet jeśli to nie wydaje się wam teraz możliwe. Wiem, że nie rozumiecie wielu rzeczy tak, jak również ja nie rozumiałam

wszystkiego, co tłumaczył mi mój Syn, kiedy dorastał u mojego boku – wierzyłam Mu jednak i szłam za Nim. Proszę was o to samo, wierzcie mi i podążajcie za mną. Wiedzcie jednak, moje dzieci, iść za mną oznacza kochać mojego Syna nade wszystko, kochać Go w każdej osobie, bez różnicy. Abyście byli do tego zdolni, wzywam was na nowo do wyrzeczenia, modlitwy i postu. Wzywam was, by Eucharystia była życiem waszej duszy. Wzywam was, byście byli moimi apostołami światła, którzy niosą światu miłość i miłosierdzie. Moje dzieci, wasze życie w porównaniu do wieczności jest jedynie mgnieniem oka. Kiedy staniecie przed moim Synem, On zobaczy, ile miłości mieliście w sercach. Abyście mogli nieść miłość we właściwy sposób, proszę mojego Syna, przez miłość, aby udzielił wam łaski jedności z Nim, jedności między wami oraz jedności między wami i waszymi pasterzami...".

2 grudnia: (do Mirjany) „Drogie dzieci, pamiętajcie – mówię wam o tym – miłość zwycięży. Wiem, że wielu z was traci nadzieję, ponieważ wokół widzicie cierpienie, ból, zazdrość, zawiść... ja jednak jestem waszą matką. Jestem w Królestwie Niebieskim, ale także tutaj między wami. Mój Syn na nowo posyła mnie, by wam pomóc. Dlatego nie traćcie nadziei, zamiast tego – podążajcie za mną – ponieważ zwycięstwo mojego serca to zwycięstwo w imieniu Boga. Mój umiłowany Syn myśli o was tak, jak zawsze myślał. Wierzcie Mu i żyjcie Nim. On jest życiem świata. Moje dzieci, żyć moim Synem to żyć Ewangelią. Nie jest to proste. Oznacza miłość, przebaczenie i ofiarę. To oczyszcza i otwiera bramy Królestwa. Pomoże wam szczera modlitwa, która nie jest jedynie słowami, ale modlitwą serca. Tak jak post, ponieważ jest miłością, przebaczeniem i ofiarą w

wyższym stopniu. Dlatego nie traćcie nadziei i podążajcie za mną...".

2015

2 stycznia: (do Mirjany) „Drogie dzieci, jestem tutaj między wami jako matka, która pragnie pomóc wam poznać prawdę. Kiedy żyłam waszym życiem na ziemi, miałam poznanie prawdy i przez samo to cząstkę Nieba na ziemi. Dlatego pragnę tego samego dla was, moje dzieci. Ojciec Niebieski pragnie czystych serc wypełnionych poznaniem prawdy. Pragnie, abyście kochali wszystkich, których spotykacie, ponieważ ja również kocham mojego Syna w każdym z was. To początek poznania prawdy. Oferuje się wam wiele fałszywych prawd. Pokonacie je dzięki sercu oczyszczonemu postem, modlitwą, pokutą i Ewangelią. To jedyna prawda, tę prawdę zostawił wam mój Syn. Nie potrzebujecie jej zanadto badać. To, o co was prosiłam, jak również proszę, to byście kochali i dawali...".

PRZEPISY

POSTNY CHLEB

- 3 szklanki białej mąki
- 4 szklanki mąki pszennej
- 1 opakowanie suchych drożdży lub 3 łyżki żywych drożdży
- ½ szklanki letniej wody
- 2 szklanki gorącej wody
- 1 ubite jajko
- 1 łyżka soli
- 2 łyżki cukru
- 2 łyżki oliwy z oliwek
- 1 łyżeczka masła

W zależności od smaku możesz dodać do ciasta: rodzynki, kawałki świeżego jabłka, migdały, włoskie orzechy, płatki owsiane.

Rozpuść drożdże w połowie filiżanki letniej wody z odrobiną cukru i pozostaw w ciepłym miejscu na 5–10 minut. Wymieszaj mąkę w dużej misce. Zrób wgłębienie w mące i jak drożdże będą gotowe, dodaj je do mąki. Wymieszaj mąkę z drożdżami, formując miękkie kulki. W dwóch szklankach gorącej wody wymieszaj masło, oliwę, sól, cukier, rodzynki (lub jabłko), orzechy i pół ubitego jajka. Wylej na drożdże. Zagniataj ciasto w misce, aż odklei się od naczynia (w miarę potrzeby dodawaj mąkę i wodę). Pozostaw ciasto pod przykryciem na 10 minut, by urosło. Zagnieć ponownie, aż stanie się sprężyste. Włóż ciasto do dobrze natłuszczonej miski i wstaw do lekko podgrzanego piekarnika (ok. 21–27ºC) i trzymaj do momentu, aż dwukrotnie zwiększy swoją objętość. Uformuj bochenki w kształcie, w jakim chcesz. Posmaruj ich wierzch pozostałym jajkiem i posyp ziarnami sezamu, płatkami owsianymi lub makiem – wedle życzenia. Piecz w temperaturze 195ºC przez 35 minut, aż nabierze złotobrązowego koloru. (Aby sprawdzić, czy chleb jest gotowy, wbij w niego nóż – jeśli wyjęty nóż jest czysty, chleb jest gotowy). Z podanej ilości składników można upiec 2 duże lub 3 średnie bochenki.

KOLEJNY PRZEPIS NA POSTNY CHLEB

Na 0,9 kg mąki, dodawaj w odpowiedniej kolejności:

- 750 ml letniej wody (ok. 36ºC)
- 1 łyżeczkę cukru
- 1 łyżeczkę drożdży
- Dobrze wymieszaj, następnie dodaj:
- 2 łyżeczki oleju
- 2 łyżeczki soli
- 1½ szklanki płatków owsianych

Przygotowanie:
Wymieszaj wszystkie składniki. Dodaj niewielką ilość mąki, jeśli ciasto jest zbyt rzadkie.

Zostaw na minimum dwie godziny (lub całą noc) w ciepłym miejscu (powyżej 25°C), przykryj wilgotną ściereczką. Umieść ciasto (grube na ok. 3,8 cm) w dobrze natłuszczonej formie.

Pozostaw na 30 minut.

Wstaw do piekarnika nagrzanego do 320°C i piecz ok. 50–60 minut.

Jakość chleba w dużej mierze zależy od użytej mąki. Mąki pełnoziarniste i mąki białe można mieszać.

CHLEB ORKISZOWY

- 0,9 kg pełnoziarnistej mąki orkiszowej
- ¾ kg mąki pszennej
- 2 łyżeczki soli
- 1½ opakowania drożdży
- 100 ml mleka
- 1 łyżeczka cukru
- ½ szklanki ciepłej wody
- garść ziaren słonecznika

Wymieszaj mąkę, sól i ziarna słonecznika w misce. Rozpuść cukier w podgrzanym mleku, dodaj pokruszone drożdże i wymieszaj. W mące uformuj wgłębienie i wlej do niego drożdże, zasyp mąką i odstaw na 15 minut do fermentacji. Dodaj odpowiednią ilość ciepłej wody, tak aby ciasto można było

PŁASKI CHLEB INDIAŃSKI

łatwo zagniatać. Energicznie zagniataj ciasto, aż będzie odchodzić od ścian naczynia. Odstaw na 30 do 45 minut. Zagnieć ciasto na posypanej mąką stolnicy. Uformuj 6 bochenków i rozłóż na posmarowanej tłuszczem blasze. Pozwól rosnąć przez kolejne 30 minut. Piecz w piekarniku przez ok. 45 minut. Jeden bochenek jest wystarczający dla dwóch osób; resztę pieczywa możesz przechowywać w zamrażarce.

Ten podstawowy przepis można urozmaicać na różne sposoby: mąka orkiszowa i pszenna mogą być mieszane w dowolnych proporcjach; czysty, pełnoziarnisty chleb orkiszowy jest bardzo dobry. Orkisz dobrze adaptuje się również w przepisach zawierających więcej zwykłej mąki; używaj jedynie odrobinę więcej orkiszu i odrobinę mniej płynu. Chleb orkiszowy nie kruszy się i nie wysycha jak inne pieczywo. Pozostaje bardziej wilgotny i ma bardziej aromatyczny smak. Można dodawać ziarna żyta, płatki owsiane, ziarna rzepaku lub przyprawy. Jeśli używasz mąki żytniej, należy dodać zakwas, zsiadłe mleko lub podobne.

PŁASKI CHLEB INDIAŃSKI

Przygotuj ciasto z 450 g pełnoziarnistej mąki orkiszowej i 450 g mąki pszennej. Rozprowadź na blasze, posyp płatkami owsianymi, ziarnami kminku, maku, ziarnami sezamu, słonecznika lub pestkami dyni.

ZIARNO ORKISZOWE

Namocz i pozwól nasiąknąć ziarnu przez 8–12 godzin przed gotowaniem (opcjonalnie, uwalnia to substancje odżywcze i sprawia, że ziarno jest łatwiejsze do trawienia). Użyj 3 szklanek wody na każdą szklankę orkiszu (ziarno zwiększy swoją objętość prawie trzykrotnie). Umieść ziarno i wodę w garnku i gotuj do wrzenia. Potem gotuj na wolnym ogniu pod przykryciem przez 2 godziny aż do momentu, kiedy ziarna będą miękkie i cała woda wyparuje i wsiąknie. Można przygotować je jako szybką owsiankę lub dodać do domowego muesli lub mieszanek chleba. Uwaga: zielony orkisz zbierany jest, zanim dojrzeje, nie ma smaku i może być szkodliwy dla zdrowia.

PRZEPIS MARIE-LINE

Na 650 g pełnoziarnistej mąki orkiszowej:

1. W małej misce z 80 ml letniej wody (37°C) rozpuść łyżeczkę suchych drożdży. Dodaj łyżeczkę cukru. Odstaw na 10 minut, aż mieszanina dwukrotnie zwiększy swoją objętość.

2. Wlej 350 ml ciepłej wody do dużej miski.

3. Dodaj 1½ łyżeczki soli i 20 ml oleju kokosowego lub oliwy z oliwek. Wymieszaj.

4. Stopniowo dodawaj mąkę i zagniataj.

PRZEPIS MARIE-LINE

5. Przykryj wilgotną ściereczką i pozwól rosnąć przez godzinę w ciepłym miejscu (25–30ºC).

6. Odkryj, przebij ciasto i odstaw na kolejne 30 minut, nakrywając wcześniej wilgotną ściereczką. Ponownie odstaw w ciepłe miejsce, by urosło (ok. 28ºC).

7. Natłuść blachę do pieczenia.

8. Odkryj ciasto i uformuj bochenek chleba na stolnicy, używając odrobiny mąki.

9. Odstaw w ciepłe miejsce na ok. 20 minut do urośnięcia.

10. Piecz w centralnej części piekarnika, nagrzanego do 175ºC, przez 50 minut.

Wiele osób popełnia błąd, wkładając ciasto do urośnięcia do lekko nagrzanego piekarnika. Ponieważ piekarnik jest za ciepły, chleb opada. Ciasto musi rosnąć powoli w temperaturze pokojowej. Włożenie ciasta do piekarnika jedynie przy włączonym świetle jest dobrą techniką.

Uwaga: Można tanio nabyć maszynkę do wypieku chleba, która pozwala upiec chleb w 2–3 godziny, w zależności od urządzenia. Wkłada się do niej składniki, a wyjmuje chleb gotowy do spożycia. Pozwala to osobom podejmującym post wybrać swoją mąkę do wypieku i jeść prawdziwy chleb domowej roboty bez przeznaczania na jego przygotowanie zbyt długiego czasu. (To świetny pomysł na prezent dla przyjaciół!).

PRZEPIS SIOSTRY SARY NA POSTNY CHLEB

Na 1 kg mąki:

- 3 łyżki drożdży instant
- ½ łyżeczki soli
- 2 łyżki oliwy (z oliwek, ze słonecznika lub innej)

Zagnieć mąkę z drożdżami, solą i tłuszczem.
Dodaj trochę ciepłej wody, tak aby ciasto odchodziło od dłoni.
Odstaw w ciepłe miejsce, by urosło.
Wyłóż do form do pieczenia (3 formy na 1 kg).
Pozwól ciastu urosnąć.
Piecz w piekarniku w 190°C przez 25–30 minut.
Obserwuj!

PRZEPIS FLAVII NA POSTNY CHLEB BEZ DROŻDŻY, JAK INDYJSKIE CHAPATI

Składniki na ok. 6 porcji:

- 2½ szklanki pełnoziarnistej mąki
- ¾ szklanki białej mąki
- ½ łyżeczki soli
- 2½ łyżki oliwy z oliwek
- 1½ szklanki wody

POSTNY CHLEB BEZGLUTENOWY PRZEPIS POCHODZI Z

- ¼–½ szklanki startych migdałów (lub innych orzechów); opcjonalnie ⅓ szklanki rodzynek nasączonych bardzo gorącą wodą.

Namocz rodzynki w szklance gorącej wody, aż nasiąkną; ok. 15 minut.

Nagrzej piekarnik do 200°C.

Wymieszaj wszystkie składniki w misce. Mieszanina powinna być bardzo wilgotna.

Włóż ciasto do nieprzywierającej formy do pieczenia lub do natłuszczonego naczynia ceramicznego.

Dłońmi lub łyżką rozprowadź i wygładź ciasto. Piecz przez 15 minut na górnym poziomie piekarnika, następnie przełóż na dolny poziom i piecz przez kolejne 15 minut.

Kiedy ciasto jest twarde w dotyku, brzegi kruszą się i całość odchodzi od formy, wypiek jest gotowy. Pozostaw je, by powoli ostygło. Wyjmij z formy i podawaj od razu.

POSTNY CHLEB BEZGLUTENOWY PRZEPIS POCHODZI Z WŁOSKIEJ PIEKARNI NA CHLEB 800 G.

1 szklanka lekkiej, ciemnej mąki ryżowej

- ½ szklanki mąki kasztanowej
- ½ szklanki mąki kukurydzianej
- ¼ szklanki skrobi ziemniaczanej
- 20 g świeżych drożdży piekarskich lub 7 g suchych drożdży
- 50 g miodu
- 300 ml ciepłej wody
- 2 łyżeczki oliwy z oliwek

- szczypta soli

Wymieszaj wszystkie rodzaje mąki z solą.
Wymieszaj wodę, drożdże, miód i oliwę.
Dodaj wymieszany płyn do mąki i wymieszaj energicznie drewnianą łyżką.
Odstaw na godzinę w misce, następnie przełóż do formy do pieczenia.
Odstaw ponownie na 50 minut w temperaturze pokojowej.
Piecz w piekarniku rozgrzanym do 210°C przez 25 minut, następnie obniż temperaturę i piecz kolejne 20 minut.

PRZEPIS NA BOCHENEK CHLEBA OK. 680 G (Z SUSZONYMI OWOCAMI) WYPIEKANY W MASZYNCE DO CHLEBA W PROGRAMIE DLA MĄKI PSZENNEJ

- 1½ szklanki mąki pełnoziarnistej
- 2 szklanki białej mąki
- 1½ łyżeczki suchych drożdży
- 1½ łyżeczki soli
- ¼ szklanki rodzynek (lub innych suszonych owoców)
- ¼ szklanki migdałów
- ¼ szklanki ziaren słonecznika
- 2 łyżeczki muesli
- 1½ szklanki ciepłej wody
- ¼ szklanki oliwy z oliwek (lub innej)

Włóż drożdże, mąkę, sól, rodzynki, migdały, ziarna słonecznika, muesli do formy urządzenia. Dolej wodę i oliwę. Włącz i nastaw urządzenie. Dodaj wodę, jeśli ciasto nie skleja się, lub białą mąkę, jeśli przywiera do ścianek formy.

CHLEB OK. 450 G WYPIEKANY W MASZYNCE DO CHLEBA W PROGRAMIE DLA MĄKI PSZENNEJ LUB PEŁNOZIARNISTEJ

- 1¼ szklanki ciepłej wody
- ½ łyżeczki soli
- 1½ szklanki mąki pełnoziarnistej
- 2 szklanki białej mąki
- 3 łyżeczki oliwy z oliwek
- 1½ łyżeczki suchych drożdży
- 1 szklanka ciepłej wody

Umieść wszystkie składniki w formie urządzenia. Włącz i nastaw urządzenie. Dodaj wodę, jeśli ciasto nie skleja się, lub białą mąkę, jeśli przywiera do ścianek formy.

PŁASKIE PLACKI RYŻOWE

- 1 kg białej mąki
- 1 kg pełnoziarnistej mąki ryżowej
- 1 łyżeczka oleju roślinnego
- 4½ szklanki wody
- szczypta proszku do pieczenia
- szczypta soli

- 1 łyżeczka curku
- 1 opakowanie (ok. 10 g) drożdży

Wymieszaj drożdże z łyżeczką mąki i łyżeczką cukru. Dodaj dwie szklanki ciepłej wody i pozwól drożdżom urosnąć.

Wymieszaj pozostałe składniki i dodaj drożdże i resztę wody. Ugnieć ciasto, aż przyjmie formę zbitej, gładkiej kuli. Podziel na 20–25 kawałków i uformuj je w kulki. Przykryj wilgotną ściereczką i wstaw do lodówki na 2 do 3 dni.

Przed pieczeniem uformuj ciasto jak na miniaturowe pizze.

Piecz w piekarniku w maksymalnej temperaturze.

Podaj chlebki, jak tylko będą gotowe; stygnąc, tracą smak i czerstwieją.

CHLEB ANGIELSKI

- 250 g białej mąki pszennej
- 250 g pełnoziarnistej mąki pszennej
- 1½ łyżeczki soli
- 28 g świeżych drożdży
- 56 g masła
- 1 szklanka wody
- 1 łyżeczka soku z cytryny

Wymieszaj mąkę, sól, wodę, sok z cytryny. Dodaj masło, a następnie drożdże.

Pozwól rosnąć 60 do 90 minut.

Złóż ciasto 4 do 5 razy i zgnieć je rękoma, umożliwiając dostanie się powietrza.

Uformuj kulę, delikatnie spłaszcz na wierzchu. Odstaw do wyrośnięcia na kolejne 30–45 minut, w zależności od temperatury pomieszczenia.

Nagrzej wcześniej piekarnik do 220°C.

Posmaruj wierzch mlekiem lub ubitym jajkiem, posyp delikatnie mąką i natnij wzór na powierzchni, rozszerzając każde nacięcie na jego krawędzi.

Połóż na pergaminie do pieczenia i piecz od 20 do 30 minut, w zależności od piekarnika.

Chleb jest gotowy, kiedy po uderzeniu wydaje dźwięk, jakby był pusty w środku.

INNE KSIĄŻKI AUTORKI

„MEDJUGORIE. LATA 90. TRIUMF SERCA"

Poprawione wydanie książki „Medjugorie. Triumf serca" stało się klasykiem na przestrzeni lat. Nie tylko inspiruje pielgrzymów do tego, by nieco głębiej potraktować własną pielgrzymkę, ale dzięki relacji Siostry Emmanuel daje wgląd w rzeczywistość Medjugorie, małej wioski w centrum wydarzeń, gdzie Matka Boga objawia się od 1981 roku. Autorka dzieli się osobistymi historiami mieszkańców wioski, widzących oraz pielgrzymów, którzy gromadzą się tam tysiącami i otrzymują wiele łask uzdrowień. Inspiracją do napisania tej książki było osiem lat zachwytu autorki fenomenem Medjugorie. Książka została przetłumaczona na 22 języki. Zawarte w niej 89 historii pomaga spojrzeć na cuda matczynej miłości Maryi.

    Siostra Emmanuel
    Medjugorie. Lata 90. Triumf serca
    Wydawnictwo Księży Marianów Promic

"DZIECI, POMÓŻCIE MOJEMU SERCU ZWYCIĘŻYĆ!"

"DZIECI, POMÓŻCIE MOJEMU SERCU ZWYCIĘŻYĆ!"

W samym sercu bośniackiej wojny Siostra Emmanuel została w Medjugorie wraz z kilkoma członkami swojej wspólnoty. W tym czasie powracały w jej pamięci wspomnienia jej ojca, który był więziony w czasie II wojny światowej. Pamiętając, ile wycierpiał, poczuła potrzebę, by zrobić coś, by w duchowy sposób pomóc walczącym na froncie. Siostra Emmanuel opisuje wezwanie, które otrzymała w tym czasie, by zwrócić się do dzieci z apelem o wyrzeczenia w intencji, by załagodzić konflikt. „Dzieci, pomóżcie mojemu Sercu zwyciężyć!" została napisana jako odpowiedź na to wezwanie. Książeczka opisuje dzieciom, jak podjąć dziwięciodniową nowennę drobnych wyrzeczeń. Do książki dołączona jest kolorowanka, którą dzieci mogą pokolorować i wysłać pocztą do Medjugorie, gdzie zostaną przedstawione w trakcie jednego z objawień Matki Bożej.

Siostra Emmanuel
Dzieci, pomóżcie mojemu Sercu zwyciężyć!
Wydawnictwo i Drukarnia Sióstr Loretanek

"PRZEDZIWNE SEKRETY DUSZ CZYŚĆCOWYCH"

Nieczęsto książka głęboko dotyka czytelnika. „Przedziwne sekrety dusz czyśćcowych" należy do tych rzadkich tytułów. Zmarła w 2003 roku Maria Simma prowadziła skromne życie w austriackich górach. Kiedy miała dwadzieścia pięć lat, otrzymała bardzo szczególny charyzmat, nawiedzało ją bardzo wiele dusz z czyśćca, a ona mogła się z nimi komunikować! Maria swoimi słowami dzieli się niezwykłymi sekretami na temat dusz czyśćcowych. Odpowiada na pytania, takie jak: Czym jest czyściec? Jak dusze się tam dostają? Kto decyduje, czy dusza idzie do czyśćca? Jak możemy pomóc duszom uwolnić się stamtąd?

> Siostra Emmanuel rozmawia z Marią Simmą
> *Przedziwne sekrety dusz czyśćcowych*
> Wydawnictwo Księży Marianów Promic

„UKRYTE DZIECIĄTKO Z MEDJUGORIE"

„Byłem oszołomiony i tak głęboko dotknięty lekturą *Medjugorie. Lata 90.*, że dosłownie popchnęła mnie ona do wyjazdu do Medjugorie. Po prostu musiałem na własne oczy zobaczyć duchowe cuda, o których opowiada ta książka. Teraz dzięki *Ukrytemu Dzieciątku* żar miłości do Maryi otrzymał nowy podmuch – powiew Ducha Świętego. Siostra Emmanuel jest doprawdy jednym z najlepszych głosów Maryi! Gratulacje za ten klejnot wśród świadectw! Nie zdziwiłbym się, gdyby sama Gospa stała się jednym z najbardziej zagorzałych czytelników Siostry Emmanuel"
– bp Denis Croteau OMI

„Książki są jak muszle; na pierwszy rzut oka wyglądają tak samo. Jednak dalekie są od bycia jednakowymi, a ich wartość ogromnie się różni. Niektóre są tak pełne bogactw i tak dobrze napisane, że skrywają w sobie rzadkie perły. Książka Siostry Emmanuel jest jedną z nich; zawiera najpiękniejsze perły,

którymi ubogaca czytelnika. Dzięki jej relacjom i anegdotom czytelnik ma przyjemność spotkać bardzo wartościowych ludzi i napełnić się nauką, płynącą z tak wielu wydarzeń. Dzięki tej książce można dogłębniej poznać nadal mało znaną drogę: drogę Królowej Pokoju"
– Jozo Zovko OFM

> Siostra Emmanuel
> *Ukryte Dzieciątko z Medjugorie. Świadectwa łask*
> Wydawnictwo Księży Marianów Promic

„POKÓJ BĘDZIE OSTATNIM SŁOWEM"

Miłosierdzie Boga jest skandaliczne, dochodzi do ekstremum! W swojej wciągającej i żywej narracji Siostra Emmanuel opisuje prawdziwe historie i świadectwa, które zabierają serce czytelnika w podróż Bożego miłosierdzia przez więzienia Nowego Jorku po wyznania świętych!

Na stronach tej książki mozaika zdjęć i opowieści prowadzi czytelnika do głębin ludzkiego serca i przenosi go w sam środek scen i sytuacji, które są tak wciągające, jak zróżnicowane. Dzięki nim jesteśmy świadkami tego, jak tak bardzo upragniony pokój z Wysoka zwycięża nad pustką, beznadzieją i lękiem.

To słowa, których wielu już nie ma odwagi wypowiedzieć, a jednak mają moc, by pomóc odbudować upadające społeczeństwo.

Ta książka jest impulsem, zastrzykiem nadziei, który przyspieszy czas, w którym w sercach wszystkich pokój będzie ostatnim słowem!

Siostra Emmanuel
Pokój będzie ostatnim słowem
Wydawnictwo św. Stanisława BM

www.ingramcontent.com/pod-product-compliance
Lightning Source LLC
Chambersburg PA
CBHW072159100526
44589CB00015B/2284